黄 娟 —— 著

就这样，
一路宠你
到牛津

Spoil you all the way

to Oxford

知识产权出版社

全国百佳图书出版单位

图书在版编目（CIP）数据

就这样，一路宠你到牛津 / 黄娟著 . —北京：知识产权出版社，2019.5
ISBN 978-7-5130-6093-6

Ⅰ . ①就… Ⅱ . ①黄… Ⅲ . ①家庭教育—经验—中国 Ⅳ . ① G789.2

中国版本图书馆 CIP 数据核字（2019）第 028611 号

内容提要

这是一本妈妈为女儿做的成长记录。在这段世界上唯一可以从零开始经营的关系中，情感上的爱心与耐心，相处中的平等与信任，内心里的富足与安定，都在这温暖、细腻、明亮的文字间，熠熠闪烁，娓娓道来。

责任编辑：田　姝　阴海燕　　　　　　责任印制：刘译文

就这样，一路宠你到牛津
JIU ZHEYANG，YI LU CHONG NI DAO NIUJIN

黄　娟　著

出版发行：知识产权出版社有限责任公司	网　　址：http://www.ipph.cn
	http://www.laichushu.com
电　　话：010-82004826	
社　　址：北京市海淀区气象路 50 号院	邮　　编：100081
责编电话：010-82000860 转 8693	责编邮箱：yinhaiyan@cnipr.com
发行电话：010-82000860 转 8101	发行传真：010-82000893
印　　刷：北京强华印刷厂	经　　销：各大网上书店、新华书店及
	相关专业书店
开　　本：880mm×1230mm　1/32	印　　张：6
版　　次：2019 年 5 月第 1 版	印　　次：2019 年 5 月第 1 次印刷
字　　数：100 千字	定　　价：58.00 元

ISBN 978-7-5130-6093-6

· · ·

　　敲下这个题目，是在 2017 年秋天，芝加哥飞伦敦的班机上，从参加美国商务拜访的合伙人角色切换到妈妈的角色：去参加女儿牛津大学的开学典礼。

　　从未想过，孩子会一步踏入这座世界顶级学府的本科生行列，而且是在全球以人文类著称的牛津大学，学习的是中国学生不曾涉足的人文与艺术类学科：音乐学专业。

　　周围太多妈妈在问，如何培养的这样的一个女儿。作为职场中尤其是在中国资本市场中极其忙碌的一个群体的女合伙人，说来惭愧，给孩子的时间实在太少了。但回顾孩子 18 年的成长，或许与孩子相处的点滴间，真有春风化雨的神奇，生活中，学习中，工作中，玩耍中，对于孩子的潜移默化，或许在无形中推动了她的成长。

· · ·

走得再远，你也永远是妈妈眼中那个穿着红裙，笑靥如花的小女孩……

目 录
Contents

静待花开：

在国内 学习的时光

/

温暖小时光

/

> 母女（母子）关系，世界上唯一可以真正从零
> 开始经营与成长的关系。一段关系，是从两个独立
> 的个体开始的。你与任何人的交往，都会带有两个
> 人成长过程中的烙印，不是你单方面可以完全掌控
> 的，更不是你单方面可以经营的。而真正可以从零
> 开始，你可以完全去用心经营与培养的，或许只有
> 母女（母子）之间的关系。

一直以来，都特别感谢上苍。是上辈子的造化吧，赐予我
一个如此聪慧，如此美丽，如此乖巧的女儿。从她出生开始，
我就偏执地认为：女儿是唯一可以让我真正用心，让我真正主
动，让我真正放低姿态去相处的人。记得女儿刚刚出生时，看
着这个小人儿不足半米的身躯，我和所有妈妈想法是一样的，
一定要把最好的带给她。

年轻时，我不是一个脾气特别好的人，也很气盛。但出乎所有人的预料，对于孩子，我却绝对是一个猫妈，那份足够的耐心，足够的宽容，足够的妥协，足够的宠溺，在上辈人眼里，简直不可理喻。

"女儿要天上的星星，你也会摘给她"，这是孩子姥姥的原话。但现在想来，或许就是这份宠爱与低姿态，造就了和孩子之间最平等最无障碍的相处关系。

记得带她来上海的时候她刚满三岁，我已近 32 岁，作为一个在职场已不再年轻的妈妈，我是怀着一份放弃中等城市安逸生活的态度与决心来上海的。小孩子的适应力令人惊奇，她很快就融入了这座当时在我们看来还有点陌生的南方城市。

很幸运，由于在上海的第一套房买在新兴的国际社区，这是当时上海浦东唯一一个环境类似欧洲小镇的社区，女儿就近读了国际社区的幼儿园，又进了当时唯一一所招收归国人员子女的学校（那时学区房的概念远远没有现在这么重要，只是因为离家近）。学校是公办的，校长年轻有为，重视英文、音乐、小班化教育，学生家长很多是海归，素质普遍较高，学生也见识广。学校为此专门开设了全员的外教课与钢琴课，作为主课，几乎每天都要上。而最初的看似无意的购房选择，或许为孩子的一生，打下了一个特别好的坚实的基础。

女儿从小是一个偏内向的孩子，不会主动发言，不是很活跃，更不是雷厉风行的班干部类型。而且每个年级交的朋友也不多，但庆幸的是总能有一两个特别要好的，也是偏内向的孩子，她们总是黏在一起，自得其乐。这也挺好，作为妈妈，从来没有苛求孩子一定在班级中多么风光，更没有奢求她去做学霸，只求她自在与快乐就好。

每当周末，我安排好工作，尽量不出差，带着她在如公园般的小区里玩耍：捉虫、滑冰、玩水、喂鱼、捡石头、捉迷藏，然后摆拍各种姿势的照片。孩子虽内向，但不失童真，任何一个小小的游戏都乐此不疲，毫不枯燥，每每玩耍时女儿都一脸灿烂与羞涩的天真。

记得给女儿买过一个蓝色的夜灯球，在一个深夜，把卧室的灯光都关闭了，然后偷偷地把这个蓝色的灯球旋转起来，于是整个屋子如夜晚的星空，黑色中透出星星似的蓝色光芒，一闪一灭，星光熠熠。伴着音乐，伴着孩子的惊喜与欢呼，小小的时光就这样美好而缓慢地流淌……真该感谢孩子，每每想起，就像又回到了童年，回到了透过树叶缝隙看阳光的美好日子！

女儿在小区草坪上玩耍（5岁时）

就这样，女儿快快乐乐，不显山不露水地走过了几年。直到小学四年级，作为小女生，孩子忽然迷上了日本动画《樱桃小丸子》。她说非常想听懂日语原版的对话，作为妈妈，第一次为女儿的这份爱好提供了支持，花心思给她找了一位日语老师。感谢上海这座大都市的便利与国际化，很快就在上海虹桥为女儿找到了一位很有爱心的日本女教师。更加有意思的是，这位女老师一句中国话都不会讲，她是刚刚从美国学过幼儿教育来中国的。于是，她用自己独有的方式：用英文来教小孩子日语，看图说话，连猜带蒙，小孩子的悟性是极高的。也就从此，女儿的英文口语与日语同时以看得见的速度进步。至今我还记得那位女老师的名字——小林静，和她孩子般灿烂亲切的笑容。

因为喜欢日剧，喜欢日本女老师，女儿疯狂地爱上了角色扮演（Cosplay），尤其大爱初音，一位穿着蓝色短裙，站在舞台上载歌载舞的虚拟姑娘。记得那时家里还不是特别富裕，但是因为女儿的爱好，全家一起去日本旅游，而带回国的唯一一件礼物，就是一个初音的原型。姣好的面容，尖尖的下巴，细长的身体，精致的妆容，女儿简直爱不释手。

也就在此时，女儿学校的爱心节即将来临，孩子们可以扮作各式人物，周游校园做爱心义卖。从未出头的女儿，这次却非常期待装扮一次初音。作为妈妈，第一次花了大把时间为她化妆，为她做造型，为她买来最心仪的初音的蓝色制服，甚至蓝色披肩长发。精心准备了一周，在学校的爱心节上，女儿第一次向所有班级同学展现了她从未有过的一面：身材修长，面容姣好，睫毛长长，蓝发飘飘，有种异域少女的亭亭玉立。同学一脸惊讶，围在她周围拍照，惊呼，跳跃。灿烂的少女的微笑，与暖冬的阳光一起深深地印进我心中。当然那天的义卖也出乎意料的成绩斐然！

女儿参加实验东校的助学募捐活动（10岁时）

从那时开始，感觉女儿有了质的变化，开始自信了，成绩也更好了。小学毕业时已经是班级里成绩非常优秀的学生了。一次小小的改变，却换来了大大的自信！或许孩子成长中，我们家长的一个小举动，一次小投入，带给孩子的却是完全不同的感受与体验，甚至会改变孩子与人相处的心境。

那时的上海还不似现在这样繁华与浮躁，我在浦东最高的建筑金茂大厦上班，也做着一份高大上的收购兼并的投行工作，但是却有较多的时间陪女儿。也就在这段时间，我做了至今想来都很骄傲的一件事情，陪女儿练钢琴。相信这也是许多妈妈都做过的事情。那时纯粹是把钢琴作为孩子的一个爱好来对待，一个大玩具而已。在学校上钢琴课的同时，给女儿找了当时上海口碑比较好的知音琴行。从女儿六岁开始，每周去学琴，每晚陪她练琴，就成了我的必备功课。记得每周末，孩子爸爸开车，我陪着上钢琴课，做记录。下课后一个冰淇淋、一个汉堡，就是对女儿最好的奖励。女儿也在学琴、练琴、考级中一步步很顺利地走过来。

但是，没有想到，一件意想不到的事情发生了！

/

耐心坚守，不催不追

/

世上真有一万小时定律，任何一件事情，你坚持做十年，只要不笨，一定会有成就。

一天晚上，女儿在小区玩耍，不小心从高处跌落到水泥地上。而当时，我却正在黄浦江的游轮上，庆祝一家江苏企业在上交所上市成功。家人理解，也没有即刻打电话给我。凌晨回到家，听到这个消息，我直接穿着晚礼服就冲到了医院。

谢天谢地！还好，情况不太严重，只是左小臂骨折。非常庆幸，遇到了一位医术很高的年轻的医生。做了一个小小的骨科手术，没有大面积的切开植入钢板，只是钉了一颗长长的钢钉，连接起断裂的骨头。记得第一晚在医院住院，女儿疼得一直无法入睡，那也是我此生最为心痛的一夜，心疼不已却只敢默默流泪。一直在医院陪了女儿七个晚上才出院。这次意外过后，感觉女儿忽然长大不少。接下来三个月的康复治疗也很顺利，胳膊没有任何异常，练琴又接着开始了。

现在回想起来，那是一段真正平静与无忧的日子。平日上班，姥姥在家买菜做饭，帮忙带孩子，日子恬淡温馨，波澜不惊。孩子从小养成的爱看书的习惯，也带给她不一样的世界。更多时候，女儿在家是安静的，一本书一天可以看完，除了吃饭，可以连续一天坐在房间一动不动，完全就是现在讲的沉浸式阅读。而选择书的自主权，也完全交给孩子，任其去选择喜欢的书。记得那时有个特别火的网站：当当网，选书、付款、收快递，小小的女儿驾轻就熟。很多书，像村上春树的、黑柳彻子的、曹文轩的、沈石溪的……都是一个系列一整箱的买回家。作为妈妈，唯一能做的，是不去打扰孩子，让她自己一个人安静地沉浸在自我的世界中。孩子收到书的那兴奋的小欢呼，读完书跟你忙不迭地分享书中内容的那种小骄傲，都在恬淡的时光中化作最美丽的回忆。

说到书，至今想来，小学阶段，还帮助女儿编过一本《婧怡文集》，用心搜集了她小学阶段写的作文和小诗。文章超级稚嫩，有的只有短短的几行，我跟女儿戏称"诗歌"，其实就是断开的几句话，但是在我眼里却如珍宝。作为妈妈，拿出以前中学时代文学社主编的功底来做编辑，爸爸拿出做大学建筑学老师的绘画功底来做美工，精心彩打做成正规图书样子，有美丽的封面与插画，有作者简介，就像完完整整的一本书。邻居小朋友和阿姨来家里，这个册子就是最好的礼物。虽然现在想来很幼稚，但是在七岁孩子心里，那一定是一件很伟大的事情！小小的心中一定又多了一份自信与成就感，而孩子的文笔就在这一篇又一篇的期盼中不知不觉有了很大的提高。当时也没有想到，这份对于书籍的自发热爱，这份日益增强的写作功底，会给未来去英国读书的选课，提供多么大的帮助。

女儿小学与初中时阅读的书籍

读书，弹琴，作文，日子就这样流淌过去。上海音协的考试，女儿三级、四级、五级直至七级，每年都很顺利地通过。但一切就在七级考完以后开始有了很明显的变化。学校的课业越来越重，而钢琴七级以后，对于技巧和乐理的理解要求越来越高了。楼下的小男孩在妈妈不断的斥责声中，已经把学了几年的钢琴送人了，班里绝大部分同学也都放弃了。我们还要坚持吗？

女儿也放弃了！有足足半年的时间，几乎没有再去琴行学琴。周六上钢琴课的时间和学校的文化补课时有冲突。但是这半年，时不时的，孩子自己在家的空余时间，还是摸摸琴的。相信所有陪孩子学过钢琴的妈妈都有体会，小孩子学琴的过程确实很不易，喜忧参半。虽然我自己也喜欢音乐，也认识五线谱，但这还离得太远，毕竟不是专业出身，唯独庆幸的是自己的那份耐心。回想在孩子学琴过程中，真的从来没有骂过孩子一句，全是连骗带哄的让孩子弹够老师要求的时间，甚至哄着她不断去重复、提高，直至流畅满意为止。

期间，孩子的学业成绩越来越好，越学越轻松，而我的耳旁风或许也起到了作用："任何一件事情，你坚持做十年，只要不笨，一定会有成就。琴已经练了五年了，现在你放弃太可惜。"终于有一天，孩子又主动提出还要继续练。于是，我在暗自欣喜的同时，专门为孩子找了一位上海音乐学院毕业的年轻女老师，只要与课业时间不冲突，就去老师家里学琴，女儿又开始了一段新的一对一的完全私教的钢琴学习历程。

而我从心底知道，这次以后，她再也不会放弃了！

很快，八级、九级、十级都顺利通过。至今，所有的考级证书都完整的给孩子保留着，作为她童年少年生活的一部分。庆幸自己的耐心，庆幸没有打骂孩子，也庆幸当时学琴没有任何功利心，只是为了陪着孩子鼓励孩子，甚至哄着孩子坚持做一件事情。考级也从来只是去检验一下学习效果，没有一定要求孩子去拼优秀。经历过小小的艰苦，品尝过小小的喜悦，也有过小小的停顿，当最终弹钢琴这件事情坚持下来时，我知道，未来孩子将会更加持久，更加有韧性地去做一件事情了。

小学生涯就在孩子全优的毕业会考中结束了，而此刻孩子面临就读中学的选择，就是现在的所谓"小升初"。是继续留在原来学校就读（学校也有初中部），还是再去选择一所其他学校？

上图：女儿日常练琴（6岁时）

下图：女儿在复旦大学参加钢琴表演（15岁时）

西外岁月：住校的开始

> 优秀的孩子在一起，就像一群向阳花，面向阳光，积极向上，争相绽放。

在我心中，其实一直有一所学校，是特别希望孩子去的，在上海松江大学城，离上海市区比较远，要住校。以前考虑到孩子上小学年龄小，一直没有动过这个念头。现在读初中了，是否考虑呢？知道这所学校是从上海一档节目，《财富人生》中，创始合伙人一位是林敏校长，复旦大学毕业，英国利兹大学的教育学博士，多年留学留教海外，另一位是校长当年的复旦同窗徐子望先生，时任美国高盛集团亚洲区董事总经理。两位有家乡情结的创始人与上海外国语大学合办了这所从幼儿园一直到高中的民办学校：上海外国语大学西外外国语学校。

上海外国语大学西外外国语学校校园一景

　　既然有这样的机会，不如多给孩子一个选择。于是带着孩子去参加了这个学校的入学考试，笔试、面试、英语口语，考试非常顺利。孩子也非常幸运地分到了一个特别优秀的班级，孩子进去的第二学期，这个班级就被评为上海市优秀班级。

　　第一次住校，也考验着孩子和家长。孩子是怀着一份欣喜与期待，没准还有脱离父母的一份小窃喜，而家长更多的是担忧与不舍。但是西外优美的环境，完善的设施，严格的管理，完全打消了我们的顾虑。

　　我们能做的，也不过是每周末多给孩子带点好吃的，带点可以和小朋友一起分享的零食，让孩子尽快融入同学们之中。

　　优秀的孩子在一起，真的会互相促进。现在我还记得，女儿同宿舍的同学，有日语成绩超好的，有绘画技能超强的，有主持经验很老到的，有弹吉他水平超高的。而林校长每周一，穿着风衣，高大儒雅的身影沐着朝阳，站在校门口迎接孩子的画面，就成了很多家长记忆中的一道风景。

　　民办学校和公办学校确实又有所不同，由于西外校长的海外背景，西外更加倡导的是国际公民教育，而国际公民教育首选的是国际语言：英文，在学好英文的同时，学校每月开展一个主题教育：尊重、自律、宽容、诚信……更由于西外股东的特殊资源，学校邀请了国内外著名的教育专家组成学术顾问委员会，注重培养学生自主学习的能力。

学校课余生活非常丰富，很多家长资源也得到了很好地调动。我也曾作为家长顾问团的财经专家，给孩子们专门上过一堂如何从小学会理财的课程。用最最通俗的话语，给孩子们讲了银行理财产品，讲了收藏钱币、绘画、邮票，孩子们热情高涨，甚至在学校里成立了"西外银行"。

另一方面，作为民办学校，西外的课业压力也是巨大的。由于是正规民办学校，在中国国内是有学籍的，大多数孩子也是要参加国内中考和高考的，因此学习成绩是逃不过的一关。或许是受到了环境的感染，或许女儿适应能力真的很强，她学习非常主动用心，小学时养成的良好的自律习惯，在住校过程中再次显示了极大的优势。第一学期的月考和期中考试，竟然连续拿了两个全年级总分第一的成绩回来。这是孩子给我的又一个惊喜，不禁抱着孩子又一起欢呼！很惭愧，作为妈妈，我不像大多数中国家长一样，在孩子面前还保持着矜持，每次得到这样的惊喜，我比孩子的反应还要热烈，每次孩子都要反过来说我：妈妈，淡定，淡定！

从来未曾有过任何奢求，从来不希望孩子是一个苦苦努力的学霸，但是，记忆中，每一次都是孩子带给我意外之喜。深深感觉，在和孩子相处的过程中，作为妈妈，不管你在外面多么优秀，多么强势和强大，在孩子面前，你真的要放下做家长的架子，放低姿态，更要放低期许。当你真正用心低到尘埃里，完全信任孩子，尊重孩子，欣赏孩子，孩子一定会像尘埃中开出的花，每一次花开都会给你惊喜，带给你欢欣。而聆听花开的过程，分享花开的喜悦，才是生活赐予我们做父母的最大的幸福。直到今天，这种幸福感一直萦绕着，所以在与女儿相处的所有日子里，没有任何关于学业关于成绩的冲突，而由此带来的和谐亲密，真的让作为妈妈的我感到如沐春风，欣慰异常。

西外初中的同学里，有一个青岛女孩，高挑漂亮，和女儿很要好。女孩成绩也很好，尤其是数学。就是这个孩子，在西外住读两年之后，完全改变了女儿整个的求学轨迹。

国际学校：青春飞扬的舞台

> 青春岁月中，还有比忘我地做一件自己喜欢的事情，让时光在舞台美丽飞扬，激情洋溢更动人的吗？

青岛女孩爽朗活泼，由于同是山东人，和女儿性格又互补，因此两人很快成为好朋友。通过她的影响，女儿开始关注上海高中的国际教育，也知道了如果去英国读大学需要A-Level成绩，中学阶段需要读IGCSE（很惭愧，作为妈妈，以前这一块基本是盲区，也很少花时间去了解）。吸引我注意的，反而是听青岛女孩儿妈妈讲的：A-Level阶段可以自己选课，只需考三到四门功课，比起国内高考要轻松很多。一直不想让孩子太累，尤其做学霸，孩子心里肯定不轻松。于是在西外初二考完试的那年暑假，就鼓励孩子跟着这个青岛女孩一起去考试了。

毕竟才初二，去考国际学校高一的课程，即使录取不了，试试水平也挺好的。两个孩子很快锁定了上海实验学校国际部：上实剑桥（那时的西外还没有 A-Level 课程）。初二的孩子，还是小女生，嘻嘻哈哈，心无杂念，去考高中的课程，有点玩票的意思。但是没有想到，女儿和她竟然都考上了！女儿的成绩还特别优秀，上实剑桥国际部高一期末的综合试题，满分 100 的卷子，竟然考了八十多分。

想到国内普通初中初三阶段就好苦！大部分时间就是复习，重复以前的功课，也没有太多新东西，能躲过学业繁重、机械重复、枯燥无味的初三，也是挺幸运的。于是，不顾女儿西外班主任极其强烈的反对（女儿在她班里是要冲上海四大名校的候选人），果断决定，支持女儿去读。于是，一个跳跃，女儿从西外的初二直接升到了上实剑桥的高一，跳了一级，逃过了中考，但也从此放弃了国内的学籍。

从此开始了全新的国际学校的课程。

国际学校，以前只是听说，等到孩子真进去了，领了一本本厚厚的价钱不菲的正宗原版的课本回来，才知道，和以前读公办、民办学校都太不一样了：首先是学费，公办学校几乎没有什么费用，民办学校一学年近两万元学费，而到了国际学校，每学期费用就涨到了10万以上（听说现在要20万以上了）。其次是选课，上实剑桥开设了二十几门课程，学生可以根据自己的兴趣爱好进行选择，而公办与民办学校都是标准课程，学生没有选课的自主权。再者是教师，公办、民办学校教师都是坐班制的，在学校里，哪怕是下了课还是能够找到老师的，但是国际学校很多老师上完课就走人了。另外是学生的构成，孩子成绩分化非常严重，一半是成绩极其优秀的（很多孩子确实都是可以考进上海重点高中的），但另一半就是成绩较差的，中间层孩子反而比较少。因此如果孩子就读国际学校，真的要充分的自律，要有自我约束、管理和学习的能力。这也是孩子读了国际高中以后我才意识到的，也幸亏孩子是自觉自律的。但这也正是国际学校一个特别大的好处，自由，孩子可以自由支配自己的很多时间。

也正是这个自由，让看似文静的女儿又充分发挥了一把。热爱音乐的细胞又蠢蠢欲动了。在一直坚持学习练习钢琴的同时，孩子又玩起了电吉他，原因是加入了学校的一个乐队。我至今还记得乐队的名字：叛逆者（Reverse）。

那真是一段青春飞扬的岁月！

五个少男少女，英俊潇洒、甜美帅气，女儿担任乐队的电吉他手，主唱是一个貌似窦唯年轻版的高二男生，酷酷的，主吉他手是一个高三男生，高高帅帅的（现在这两个孩子都就读北美的名校了）。每周末排练，每学期除了年会表演以外，还定期到上海徐家汇一家高级会所，鸿艺会馆，去做义演，乐队还专门成立了一个"树英基金"，致力于为保护黑熊的工作进行筹款。

于是，每次义演，也就成了我和孩子爸爸的兼职工作日。大大小小的乐器搬运，演员接送，拍照留影就成了孩子爸爸的工作；而孩子的舞美、化妆、服饰、道具就落到了我头上，作为妈妈，充分发挥了曾在财经公关公司做活动的经验，一路相随，虽苦犹乐。现在回想起来，还是满满的幸福与骄傲！而乐队演唱的无一例外都是欧美摇滚歌曲，看着文文静静的女儿在台上酷酷地弹奏吉他的身影，披肩长发，高挑帅气，意气风发，真是自豪！回想起来，当时咋一点没有中国家长们担心的"学业落下怎么办"的焦虑？完全是和孩子一起，全情地投入，全情地疯。是呀，青春岁月中，还有比忘我地做一件自己喜欢的事情，让时光在舞台美丽飞扬，激情洋溢更动人的吗？再回首，那都是年少天空中最明亮的星光与最动人的画面！

孩子发自内心的对于音乐的热爱，对于摇滚的热爱，对于摇滚主唱音乐人生的热爱，在她14岁生日时自己写下的一篇很优美的散文《愿君以享年华之美》中展露无遗。

女儿演奏过的乐谱

上图：女儿参加上实剑桥组建的叛逆者乐队（15 岁时）

下图：女儿在舞台上弹奏电吉他（15 岁时）

与他们的初遇,仿佛一场清新又柔软的夏雨。
而羁绊的开始,则是从那首经典到不能再经典的
Wake me up when September ends 起。简洁有力的
木吉他声在承载着老时光的收音机里丝丝入耳,
紧跟着,一个复古而怀旧的男声振然响起。毫不
做作,朴素至极的唱腔,那如初恋般全无掩饰的缕
缕青涩,不修边幅的转音隐透出青春的不羁,都让
我联想到一个一头凌乱黑发,朋克打扮,不情愿似
的抱着吉他吟唱低语自己往事的少年。一首不经意
在欧美老电台里听到的歌,竟给我打开了一个全新
的世界。一个只属于音乐的世界,一个属于 GD 的
世界。

文笔纯真、婉约、文艺又款款情深,至今这篇文章都作
为女儿的保留之作,收藏在我的公众号中。

而任何广泛地吸收与涉猎,一定会有意想不到的回报,
在唱奏音乐的同时,由于接触了大量英文原版歌曲,孩子的
英文尤其是关于音乐领域的英文,在不觉中又有了新的突破。

再说一下国际课程:IGCSE 课程(IGCSE 是 International
General Certificate of Secondary Education 的缩写,是针对国外
14 岁至 16 岁学生,尤其是英联邦国家学生的考试体系之一,

每年由剑桥教授出题，全球联考。其证书，以英国及英联邦国家为主，只要是说英文的国家和地区均会得到承认）。女儿在IGCSE课程中，跟大多数当时的中国学生一样，选择了英文、数学、地理、化学、经济（遗憾的是上实剑桥当时没有开音乐艺术方面的课）。所有教材都是英文原版，中英文上课，以英文为主。上实剑桥老师的背景也很不错，教学总监提姆（Tim）是位年长和蔼的英国人，早年毕业于剑桥大学，教课老师中既有外籍老师，也有中国老师，很多都是复旦、交大等名校毕业的，还有海外留学回国的老师，其中教化学的女老师就是一位海归博士。女儿成绩也很好，学习相对国内课程轻松，孩子每学期参加全球的IGCSE考试都顺利拿到A*的成绩。

由于全英文的教学环境，孩子的英文水平突飞猛进。上实剑桥第一学期期中考后，孩子的英语老师给她的评价是：英语成绩已经达到大学一年级水平，建议雅思可以冲击7分。于是，我就替孩子报了一次雅思考试，15岁，第一次去参加，当时只是按照老师说的，去检测一下水平，结果又是一个惊喜！竟然拿了三个8分，平均7.5分的成绩回来，超出了那次考试考前辅导班所有的大四学生和研究生，给了考前辅导班老师和我们不小的震撼！

作者和女儿在俄罗斯旅行（女儿 15 岁时）

　　奖励孩子的，是一次俄罗斯旅游，去了具有典型俄式风情的城市莫斯科，也到了完全就是欧洲都市风的圣彼得堡。异域的风光，俄国人特有的热情，女儿明媚的笑容，都交织辉映在涅瓦河夕阳映照的红色柔波中。孩子是开心的，愉悦的。而那个俄罗斯清晨，女儿在宾馆逆光中的剪影，也被我及时抓拍下来，至今还是我的微信头像，四年来一直没有换过。每次看到那青春的少女的剪影，就记起那个清晨，那涅瓦河畔的风光，那与女儿共度的美丽时光。真的是回应了最近一句流行的话：有你在，永远像初春的清晨！是的，宝贝，有你在，永远都是初春的清晨！生活清朗，明丽，如朝露，似朝阳，越来越充溢着希望……

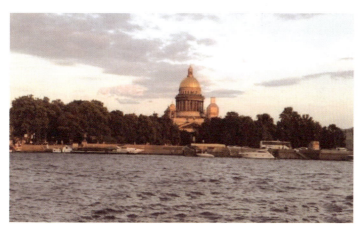

圣彼得堡的涅瓦河风光

国际学校的孩子真是自由的，课余时间很多，于是，孩子又自己报名参加了上海市一个文青组织——英文读书会，每周大家共同去读一本英文原版小说，周末聚在沙龙里用英文共同分享心得。我曾经陪孩子去过一次，这个读书会以参加工作的年轻人为主，都是一群英语爱好者。每人职业不同，但身上都有浓浓的书卷气，女儿在里面是年龄最小的一个。当时分享的是英国作家简·奥斯汀的《傲慢与偏见》，小说主要是写19世纪初期英国的乡绅之女伊丽莎白·班内特五姐妹的爱情与择偶的故事，是我也很喜欢的一本书。当时女儿才是15岁不到的小姑娘，如何参与这样的讨论呀！但出乎意料，孩子为此还写了一篇长长的英文读后感（读后感我至今还悄悄保存着），而且在读书会上，非常大方地和哥哥姐姐们进行分享。女儿流利且标准的英式口语，稚嫩可爱却一本正经的神态，博得了满堂彩。

孩子住校，成绩不错，课外活动非常丰富，我这个当妈妈的也就放心地去做自己的事情了。随着工作越来越忙，确实给孩子的时间越来越少。有时也庆幸这种距离美。由于孩子一周才回家一次，见了面格外亲，还没亲够她又走了，因此小女生青春期的叛逆之类的行为，回想起来，在我与女儿相处的过程中，根本就没有发生过，连大声说话好像都没有。真的是一派祥和，温温顺顺地走了过来。或许这也是住校带来的另一种福利吧，也或许是我这个做妈妈的太顺着孩子了，孩子无逆可叛。

话说回来，确实感谢上海的国际学校，当时在中国算是新兴事物。在读的学生们虽然没有中国学籍，但是却为他们打开了一扇窗，一扇看世界的窗口。国际学校确实把世界与中国拉近了，给了成绩不太好的学生一个机会，更给了成绩优秀的孩子更多的选择。一学年结束，高年级的孩子们就陆续收到了世界各地高校的录取通知书，很多感觉非常遥远的名校，也被孩子们收纳囊中。记得上实剑桥有个非常聪慧的女孩子，以全优成绩拿到了美国康奈尔大学、纽约大学、英国伦敦政经等几个世界名校录取通知书，也给了在校学生很大的希望与憧憬。做妈妈的，当然也在暗自窃喜，没准在上实四年后，孩子也会拿几个世界名校的录取通知吧。

可谁知道，计划不如变化快！住校，孩子们交流的机会也多，和外籍老师接触，让孩子们的想法也更大胆，也知道了更多的外面世界的精彩。在这两年的 IGCSE 国际课程学习中，女儿又遇到了一位特别要好的同学，来自安徽，这次说不上是谁影响谁了，估计是相互影响吧，两个小姑娘暗自商议着，要结伴去英国读高中的后两年，A-Level 阶段（英国课程体系高中是四年，两年 IGCSE，两年 A-Level）。而这一切都是在我毫不知情的基础上，在学校里悄然行动与准备的，直到有一天，我翻手提包，看到女儿给我写的一封信……

初绽天真颜色

从国际学校到英国公学

/

申请英国公学

/

　　与孩子和平相处的前提是追随与认同，然后是
与孩子携手共同面对这个世界！

　　信折成了小飞机的样子，有点特别，打开来看，是女儿
写给我的，第一次收到女儿的信，感觉肯定是有重大事情。
果然，孩子以极其庄重的口吻写到自己非常非常想去英国读
高中，然后罗列了一系列去英国读高中的好处，恳请妈妈能
够同意，能够破费。看完不禁笑了，孩子有时是真天真，害
怕我不同意，还采取这种方式。其实傻孩子呀，想一想，你
以前做的所有的决定，我作为妈妈，何时说过一个"不"
字？我是"Never say no"的妈妈，当然全力支持！在妈妈心
里，学什么真的不重要，成绩高低也不重要，最最重要，最
最难能可贵的是孩子你自己想要啊！

英国公学校区一景

于是，皆大欢喜！孩子仿佛得到了恩准一样，开始非常积极地准备申请英国的高中。对此，我一无所知，一片空白，从选择学校，提交申请，网上注册，报名，初考，全部孩子自己一手搞定，到底填了哪些表格，找了哪些老师写推荐信，传给学校哪些资料和证明，说实在的，到现在我也没太搞清楚，也没有任何中介帮忙。只是听孩子讲，每一所学校要求资料都不太一样，但相同的是都要在学校官网申请，都要提交雅思成绩和教师推荐信，而且所申请的学校均无需缴纳任何申请费用。

直到半年后，女儿申请的四所学校里的三所发来了面试通知（另一所是布莱顿中学，Brighton School，位于英国南部滨海城市，学校属于私立，排名在全英20左右，但是不要求去英国面试），我才开始意识到，去英国读书这个事情没准儿是真的了。而此时，我却身在美国，由于申请了美国密歇根州立大学艾布利诺商学院的访问学者项目，已经飞到美国密歇根州立大学开始了一段边学习边工作的生活。很惭愧，这么关键的时刻，却不能陪在孩子身边。于是，陪同孩子去英国面试（那时英国公学几乎没有招过中国大陆学生，国内没有面试点，必须要到本校面试）的事情就落到了孩子爸爸头上。

从来没有去过英格兰的两个人，就此开始了一段颇具小传奇的英伦之旅！

英国伦敦街景

孩子申请的四所学校，当时我们没有任何认知，只是一味地顺从孩子的意愿，但是现在回过头来看，才意识到，孩子申请的这四所学校里接到面试通知的三所均是英格兰非常著名的，历史悠久、传统保守的贵族学校，在英国有个统一的称谓：公学。也是从这里，第一次知道了"公学"的概念。

英国的公学并不是公立学校的简称，也不是一般的私立学校，在英国的教育体系中，分为公立学校（State School），私立学校（Private School）与公学（Public School）三种，公学是具有悠久的历史传统（都超过 300 年历史）与校际传承，早年是为皇室成员和商业大亨子弟特别开设的独立中等学校，是以培养和造就未来担任国家政治领袖为办学的主要目标的学校。近现代有所改变，在招收贵族子女的同时也部分对中产阶级孩子开放。办学经费主要来自学费、校友捐款和其他进款，不依靠国家和地方政府拨款。

公学不受"国家课程"的统摄和限制，其学术标准远远高于英国国家课程规定的最低基准，学校在完成国家课程的基础上，增加了课程的深度与广度，因此，公学的课程比普通中学（包括私立学校）的课程要深得多，涉及的内容范围也更加广泛。公学为学生开设的学术课程门类齐全，几乎能够满足每个学生的实际需求。公学均非常重视培养学生的艺术气质与绅士风度，宗教教育也一直是公学教育的重要组成部分。校内和校际的运动竞赛在学校活动中占有重要地位。在英国，公学非常特殊，不是随便可以冠名的，现今比较著名的公学一共有九所，均保留着非常完整的英伦教育传统与老式英伦做派，其中为中国家长所熟知的伊顿公学和哈罗公学，现今还是沿袭传统，只招收男生。

孩子与她爸爸是 11 月初的一个下午到的英国伦敦希思罗机场，11 月是英国的秋天，也是英伦最美的季节，阳光澄澈，秋高气爽，两个人更像是借机去旅游。孩子也没有其他特别的准备，只是为了申请奖学金，准备了几首钢琴曲的演奏。

第一站去的是拉格比公学（Rugby School），该学校建于 1567 年，这里是全球橄榄球运动的发源地，在 1845 年，三个拉格比公学的学生订下第一个关于橄榄球运动的书面规则，从此橄榄球运动诞生。英国首相张伯伦、《爱丽丝梦游仙境》作者路易斯·卡罗、《撒旦诗篇》作者萨尔曼·拉什迪都是这里的杰出校友。

学校坐落在英格兰中北部沃里克郡拉格比镇，在伦敦北边。小镇宁静淳朴，毗邻英国大文豪莎士比亚的故乡，受莎翁的影响，这个小镇充满着艺术气息，颇有英格兰乡村的感觉。

上图:拉格比公学校园

下图:拉格比公学友善的学生

女儿到了小镇已经是黄昏日落，没有时间倒时差，第二天一早就参加了学校的考试。一共一百多学生来考试，大部分是英国本地学生，有一两个东欧来的，中国的就我女儿一个。考试持续了一整天，在拉格比小镇几个教室中奔波。孩子选了数学、物理和综合三科的考试，同时也额外弹奏了自己准备的两首钢琴曲，自我感觉还不错。面试的是一位年龄五十多岁有些严肃的男教师（后来才知道是拉格比公学大名鼎鼎的教导主任），问了一些孩子以前学过的功课、爱好、未来设想，还详细询问了家庭情况，类似聊天。

陪考家长们也被集合起来，由校务长带领着参观学校：教室、宿舍、运动中心、橄榄球场地、游泳馆一应俱全，所有建筑外观都非常古老，但是内部设施相当舒适。一群白皮肤的家长中，只有孩子爸爸一个人黄皮肤，黑头发，来自中国，在人群里很显眼。参观途中遇到了拉格比公学的女生，都穿着校服，上身西装，下身拖地长裙，很有中世纪的风格。操场上，也有身着短裤，在11月的英格兰的微寒天气下奔跑的女生。外国孩子一看就是擅长运动的，人高马大，金发飘飘，都发育得很好，在阳光下很热情地跟家长们打招呼。

小镇是平和的，学校给人的感觉是非常亲切的，由于没有任何压力，一天考下来，女儿感觉很不错，尤其钢琴弹得自我感觉良好。一放松，回到宾馆，和他爸爸都倒头大睡。

第二天早上，天刚蒙蒙亮，他们就被一阵阵电话声惊醒了，是酒店老板，说有人找。睡眼惺忪中开门一看，竟然是昨天拉格比公学面试的教导主任。老人家是开车来的，开门见山就介绍自己是拉格比公学的教导主任休（Hugh），极其诚恳的跟孩子又介绍了拉格比公学学校，然后说他从来没有遇到过像女儿这样的中国学生，英文流利，成绩良好，自信十足，建议她不要去其他学校考试了，极力邀请女儿到这个学校来就读，同时承诺给孩子全额音乐奖学金。

一切来得太突然！

根本没有丝毫准备，孩子和她爸爸都没有反应过来，都有点蒙了，只是一个劲地点头说，"好好好，我们回去再考虑考虑"。实在是有点戏剧性！后来回想，这位教导主任不知道他们的联系方式，不知道他们两个人的住址，只知道一位黄皮肤的中国爸爸带着女儿来参加考试。他是如何找到他们两个的？猜想肯定是一大早开着车，在天色微明的小镇上一家家旅馆问过来的。实在是诚意十足！

初战告捷，两个人满心欢喜，信心大增，于是在镇上大吃一顿，老公美其名曰"犒劳女儿"。一切收拾妥当，向下一站进发。

下一站是又酷又拽的，在全英大名鼎鼎的威斯敏斯特公学（Westminster School）。学校位于伦敦市中心，伊丽莎白塔（旧称"大本钟"）和威斯敏斯特大教堂边上，一座真正的

顶级黄金位置的皇家贵族学校。该校的建校时间可以追溯到
1179 年，距今已八百多年，由伊丽莎白一世建立，最初是一
所男校，现今已成为男女混校，有七位英国首相曾在此就读。

女儿在拉格比的小旅馆（15 岁时）

校长提起学校来十分自豪，在向家长们介绍时毫不讳言："威斯敏斯特公学是全宇宙最好的学校（Westminster School is the best school in the universe）。"

这座公学和其他公学一样，在13+阶段只招收男生，16+阶段招收女生入学，同时只在16+阶段招收国际学生。来参加考试的学生，一看上去，和去拉格比公学考试的气场很不同，个个脸上傲气十足，似乎都写着"精英"两字。真的是汇聚了全英国，甚至全欧洲最出类拔萃的学生，亚洲面孔也有几个。

近500学生，聚集在一个大厅里，一整天的密集测试。英文（English），数学（Maths）和逻辑推理（Reasoning），逻辑推理又分为文字逻辑推理（Verbal Reasoning）及非文字逻辑推理（Non-Verbal Reasoning）。考的题目非常难，尤其是数学，很多都是女儿没有见过的试题。确实如之前听说的，在威斯敏斯特公学人文气息浓郁，貌似平和的外表下，是严苛的英式考试制度——被学生戏称为"威斯敏斯特大挑战"。

一整天考试结束，女儿累得有点虚脱，由于考试的阵势与试题的难度，让女儿感觉有点失落，确实是精英荟萃，严格冷峻。女儿说考场上就感觉气氛很紧张压抑，而且也没有申请音乐奖学金的机会。

上图：威斯敏斯特公学考场外等待的学生家长

下图：威斯敏斯特公学校园

反正已经有拉格比保底了，即使考不上也没关系，就当来感受一下全英最好学校，孩子爸爸安慰了一通孩子。于是，按照计划，女儿预定了一场晚上在威斯敏斯特教堂附近演出的歌剧《奥赛罗》。此行目的，既是来伦敦考试的，另一方面，又是借此机会来感受英伦文化的，不能错过。很快，孩子又调整好了心情，高高兴兴地去看歌剧了。

第三站，是切特豪斯公学（Charterhouse School），这所公学于1611年成立，学校占地240英亩，拥有全英最健全的校舍，最大的"一战"纪念教堂，更是拥有自己广袤的高尔夫球场。学校知名校友有英国前任首相、第二代利物浦伯爵罗伯特·詹金森，数学家巴罗，著名作家萨克雷，英国散文家、诗人、剧作家约瑟夫·艾迪生以及上百位英国国会议员、数十位英国最高法院大法官以及前任英国广播公司（BBC）主席等业界精英。

切特豪斯公学坐落在伦敦南部的萨里郡，距离伦敦大约35英里，一个半山腰上。女儿和她爸爸到达那里已经是深夜，月黑风高，上山的路很陡，有点阴森，有点寒冷，这样的学校位置让两个人都有点心灰，匆匆入住学校附近的酒店。但是没有想到，第二天清晨，拉开窗帘，给了两个人一个大大的惊喜！窗外一望无际的绿草坪，雨过天晴后纯净如

洗的蓝色天空，通透的金色阳光映照着远方的教堂，一下子
如诗如画，两人一致惊呼：太美了！感觉是到了地球上的另
外一个世界！"那完全是一种极致的纯净美！"那种震撼，
孩子爸爸现在提起来还激动不已。

切特豪斯公学的主建筑群

女儿在去考场的路上

接下来的考试是在一种不可思议的状态下进行的。

由于女儿在威斯敏斯特公学的考试时间与这里的重叠，因此，切特豪斯公学特殊对待，单独为女儿准备了一场考试。非亲非故，能够为一个外国孩子专门准备一场考试，我们是始料未及的。那一整天，完全是对于女儿一个人的测试，但却牵扯了好多老师的时间：优雅年长的女教师端上精致的茶具，可口的英式甜品，热热的红茶饮料；负责监考的老师依次拿上试卷，一科接一科，英语、数学、物理、钢琴都在老师的精心安排下，有条不紊地进行。边做题，边享用茶点，这也是孩子以前所有考试从来没有过的待遇，孩子有点受宠若惊，我们也深受感动。

当所有笔试完成之后，教务主任已经在等着孩子面试了。也巧了，这位教务主任也叫休（Hugh）（看来女儿和名叫休的老师特别有缘），与拉格比学校的主任同名。近60岁的年龄，一脸严肃，但是对于女儿，他面试完毕也是非常满意，直接问孩子是否在英国长大的，为何一口标准的RP口音（正宗英式口音）？当听说孩子从来没有在英国学习和生活过，只是喜欢和自学伦敦音时，教导主任严肃的面孔上浮现出一丝惊讶与赞赏。记得第二年，在上海国际精英教育论坛上，女儿和我又见到了他，他感慨地对我讲，是我家女儿让他开始认识到中国当今孩子的优秀、自信与国际化，也打破了切特豪斯公学以前不招收中国大陆学生的历史。

三场考试和面试都结束了，有惊喜，有意外，更有拉格比公学教导主任的信誓旦旦和奖学金作为保底，于是父女俩欢天喜地在英伦漫无计划地游玩一圈，打道回府。

很快，我在美国的访问学者项目也结束了，在美国密歇根州进入最冷冬季之前回国了。到了上海，几个月未见女儿，感觉又长高了，更漂亮了，眉宇间竟有了少女的妩媚。听女儿讲面试的经过，讲拉格比公学教导主任的寻访，讲切特豪斯公学的"一战"纪念教堂，如诗如画的校园，讲西敏寺歌剧院的宏伟，讲看完歌剧后遇到的醉汉……我感同身受，跟着孩子一起笑，一起叫，但心底深处也有个声音在告诉自己：孩子真的是大了，虽然才15岁，但是已经大到可以自己去找寻自己的天地，大到已经可以用另一种语言参与和世界精英们的竞争，大到可以引领我们做父母的去了解更多的远方……

上图：切特豪斯公学，女儿偶遇一年级学生去练习小提琴

下图：切特豪斯公学旁边古老的庄园旅馆

一直以来，中国的父母对孩子的态度更多的是高高在上的，"我吃过的盐比你吃过的饭都多""不听老人言，吃亏在眼前"这是我们从小经常听到的。但是，现代的科技与讯息的发达，造就了"00后"们完全不一样的视野与见识。作为父母，即使你跟得上时代的步伐，也不能再高高在上，倚老卖老了。很多时刻，我们不得不承认，孩子比我们更见多识广，那种见识也并不是古语所言，走万里路才可以得到的。互联网、微信、脸书（Facebook），等等的出现，将一个或真实或虚幻的世界迅速拉近到孩子面前。

因此，当今的时代，与孩子的沟通，真的要是平等的，甚至是低姿态的。与孩子和平相处的前提是追随与认同，然后再是与孩子携手共同面对这个世界！这样，孩子才会真正将心中所思所想与你交流，这样，母女关系、父子关系才会真正顺畅建立，而不是越大越彼此无话可讲，越大越彼此失去。

确实，就是从那个午后，我收到女儿的第一封信开始；就是从那个清晨，孩子爸爸陪她去英国考试，历经种种有趣、失落、惊喜开始，女儿已经作为"00后"的一代新人，开启了引领我们看世界的节奏……

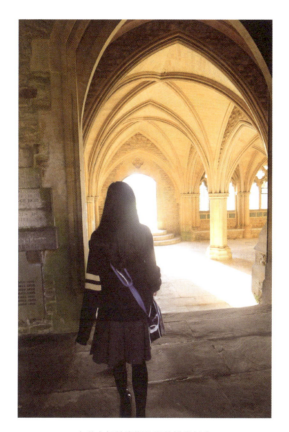

女儿在切特豪斯公学的拱券长廊

/
音乐，从爱好到专业
/

       人的一生，芳华几十载，还有什么能比一直从事自己热爱的事业更为美好的呢？真正的成就难道不是当你放下所有功利心之后去努力，才会蓬勃而发的吗？

终于，在我们的期待中，录取通知书如约而至！

拉格比公学，切特豪斯公学，布莱顿中学，都先后寄来了厚厚的，装帧精美的录取通知书和入学须知，只有威斯敏斯特公学的一直没有收到，想来是没有缘分吧，竞争者都太强了。

随遇而安，顺其自然，挺好！这三所已经都是英国顶级的好学校了。选择学校的权力也自然交到了女儿手里，女儿毫不犹豫地选择了切特豪斯，甚至放弃了给予全额艺术奖学金的拉格比公学，孩子给出的理由是"切特豪斯这所学校校园实在美得让人无法抗拒！"

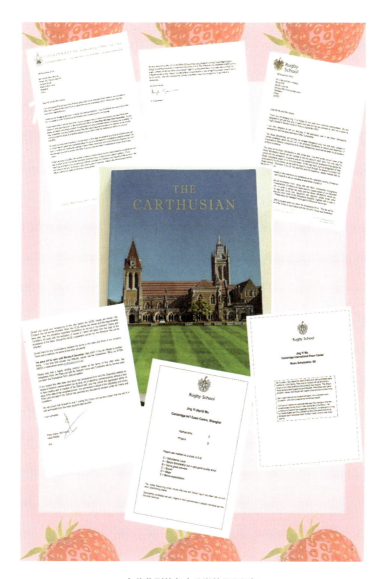

女儿收到的各个公学的录取通知

直到开始准备去英国公学读书的手续才知道,年龄在18周岁以下的外国孩子在英国读书的话,一定要有一位英籍的成年人做监护人,这与美国不同。没有经验的我们,只有委托中介帮忙介绍,但看到中介推荐的监护人的各色背景,我都不是太满意。我任职单位的国际网络也有办公室在伦敦,合伙人都是英国本地人,但是总感觉工作关系再牵扯到家庭不是特别妥当。

孩子运气也真好!我们正发愁不知如何是好的情况下,通过同学群偶然得知,我竟有一位高中同级校友在中国驻英国大使馆工作,我们当时在学校也是互相知道的。同学真的就是这样,哪怕时隔多少年没见,联系起来还像当年年少一样,格外亲切。非常感谢这位邻班的女同学,经她的推荐,我们顺利地找到了孩子的监护人,一位旅英多年的华人商会会长,贵州人,本人就在英国办了一个教育机构,爱人还是英国伦敦一所著名高校的生物学教授。终于,监护人的事情也妥妥的了!

再来说说孩子的专业方向,英国和美国不同,美国一般高中不会选专业方向,大学一年级甚至二年级还是通识教育。但是英国不同,传统保守的英国教育体系要求,在高中A-Level阶段就要选专业方向和相关课程。孩子去英国考试

上图：女儿监护人的委托协议

下图：女儿备考的部分乐谱和书籍

与面试时，是不需要选择专业的，面试只是测试入学能力，即使考了钢琴演奏，也是为了申请艺术奖学金，真正要去读书了，读 A-Level 的课程（女儿后来学的是 Pre-U，切特豪斯公学单独开设了 Pre-U，与 A-Level 很相似，某些课程也可以互换，但是 Pre-U 更加注重的教学理念，是要求学生在某一个专业领域有更加深入地学习与研究），是要选择专业方向的。

女儿此时非常坚决，要选择音乐学专业。音乐学，真正接触和初步了解后才知，这个学科可一点不轻松。它包含乐器技能演奏，但是并不是以演奏为主要方向，这门学科主要学习与研究音乐理论、音乐艺术发展史、音乐教育、音乐行为，还涉及作曲、音乐戏剧表演、音乐哲学、美学等范畴。从学习钢琴开始，我们只是把它当作女儿的一个爱好，钢琴不过就是孩子的一个大玩具，即使后来女儿参加乐队，更多还是在玩票。真把音乐作为以后学习和研究的方向，而且是在英国的高中，用全英文，甚至还会涉及古文英文来学习与研究，对于一个母语不是英语的外国孩子来讲，确实有太大的挑战。我们当时心里也打了一个大大的问号。

可是女儿是执意坚持的。回想女儿对于音乐的执着与入迷，从钢琴学习到玩摇滚，到痴迷古典音乐，就不得不提她的一位很特别的音乐老师，戴老师。遇到戴老师之前，女儿的音乐老师，既有上海师范大学音乐教育专业毕业的，又有上海音乐学院钢琴演奏专业毕业的，完全科班出身，给女儿传授的更多是非常正统的钢琴指法、演奏技能、普通乐理知识……而戴老师本科竟然是在上海财经大学金融系就读的，一个学金融的学生却疯狂热爱音乐和钢琴演奏，这在女儿的老师中绝对算另类。让我联想起同样曾经"不务正业"，在清华大学读电子工程专业的音乐人高晓松。

女儿认识戴老师的方式也比较特殊，竟然是在知乎上认识的，然后就开始网上拜师学艺。等到真和戴老师见面，才发现他真的是一位投入得不能再投入的音乐痴了。他对于音乐理论的解读，对于音乐理论在钢琴演奏中的应用指导，真的远远超过了女儿以前所有的钢琴老师，他真的是把女儿从爱好音乐带到了一个探究音乐的高度！他们在一起所有的时间都在侃侃而谈，音乐的存在方式、音乐分析、音乐结构化、音乐曲式、音乐赋格，等等，非常陌生的词汇，而女儿却兴致勃勃，极其热烈地学习与回应，眼里闪烁着专注的光芒，那真是一种忘我与无他的境界，只能用"专业热情"来解释了。

复旦钢协的音乐讲座

复旦大学钢琴协会·流行专场

复旦钢协组织的钢琴演奏会

通过戴老师，我们才知道上海还有这样一个本科生群体，散落在上海的名校中，复旦、同济、交大、上财……孩子们都在学着与自身兴趣不相关的学科，但是都在默默坚守着自身对于音乐的执着。有学中文的、学日语的、学金融的、学设计的，他们自发的组织起本校的钢琴协会，在不同高校之间切磋技艺，交流与演奏。孩子们很多都是各地高考的尖子生，由于高考分数很高，估计都是受家长的影响，选择了社会上看起来热门但是自己并不喜欢的专业，但一直坚守着心底的热爱，其中有位复旦的女生，竟然连续两次拿过鼓浪屿杯全国钢琴大赛冠军，开过个人独奏音乐会。

这群孩子都有几个特点：（1）极其聪明与专注；（2）学习成绩极其优秀；（3）外语基础良好；（4）对于音乐非常执着与热爱。于是，虽然读的是经济，或者管理、工程类专业，但是由于心中那份热爱，让他们一直在不断吸收音乐领域的知识，同时由于涉猎其他门类的学科，从另一方面反而拓展了孩子的思维与眼界。于是，研究生阶段，这些真正有着自己想法与专业热情的孩子们，就纷纷回过头选择了自己内心所爱。这些名校的孩子也确实素质高，智商高，技能出色，又有很好的外语功底与学习能力，考上的都是国外名校的音乐或演奏专业硕士。戴老师拿到的是英国圣三一学院钢琴演奏与教学专业硕士的录取通知，复旦大学一位学日语的袁老师没毕业就拿到了英国皇家音乐学院钢琴演奏专业的录取通知，同样复旦一位学中文的钟老师更是以全奖拿到了美国波士顿大学音乐学院的钢琴表演硕士的录取通知。这些孩子都或多或少与女儿交流与切磋过，虽然没有大几岁，但女儿都尊称他们为老师，亦师亦友。孩子基本上寒暑假就混在这些大学生中，那种心无旁骛却简单无比的快乐，作为妈妈，看在眼里，喜在心中。

所以，任何专业都是触类旁通的，包括音乐，就像钢琴，讲究的是童子功，但是当今很多孩子所谓的的童子功，一定程度上都是父母逼迫下的成果，如果你没有持续的学习能力与学习热情，如果没有将外力转为自身的内在驱动力、内在的热情，如何持续的提高？如何从日复一日，年复一年枯燥的量的积累到某一天质的飞跃？

但是，具体到自己孩子身上，让孩子选择音乐专业，我们和前面提到的所有名校孩子的家长一样，多了一份犹豫与考量。以前我们那个年代，学艺术，很多并不是真正热爱，大部分是学业成绩不太好的同学的另一条出路，但是女儿如此优秀的成绩，也要去学艺术，学音乐？

我的专业是金融与审计，已经做了近 20 年合伙人，做的也是中国资本市场比较前沿的国际并购，海外上市业务；孩子爸爸是一名建筑设计师，曾在大学里做教师，教建筑学，现在在上海自己经营一家设计公司。从就业与生活稳定角度来看，这都是很好的专业方向，也是当今人们非常认可的职业选择。而音乐学，我们对此领域一无所知，孩子的未来会如何？将来就业会如何？作为妈妈，那真是一段很纠结的时光。

但是天性的乐观与对孩子的百依百顺，让心里另一个声音渐渐占了主导：现在的孩子不同于我们的那个年代了，追寻心中所爱才是真正难得的。确实，回顾走过的几十年，深有感触：中国孩子普遍缺少自我个性，更缺乏执着地追求爱好的勇气，所以在选择专业上，更多的是选择眼下的热门，类似金融、IT，去谋一份现实的眼前可见的工作，却很少听从自己的内心，很少有勇气去追寻心底的热爱。

很庆幸，女儿选择的正是她的所爱，有这么珍贵的一份专业热情，不应该是我们父母最珍视的吗？

另一方面，我们的下一代，随着中国经济的高速发展，孩子们已经摆脱了要为生存苦苦打拼的阶段，当物质追逐已经不是第一要素时，现实的富足让他们可以更有底气去选择心中所爱。就如当今的北美、欧洲，中产以上家庭的孩子最普遍的选择反而是与人文、艺术相关的行业。现如今，这样的一种天时、地利、人和的情况下，如果不珍惜，还是要做出过于务实的选择，或许一生都会后悔呀。人的一生，芳华几十载，还有什么能比一直从事自己热爱的事业更为美好的呢？真正的成就难道不是当你放下所有功利心之后去努力，才会蓬勃而发的吗？

愿倾力染就一树芳华：

在英国学习的日子

/

无条件的支持

/

金钱本身没有任何价值，但是它绝对是一个
人有价值的体现，更可以让人在面临选择时更加从
容，心底无忧，脸上无惧。

妈妈想通了，于是孩子得到的才是真正完全无条件的
支持！

最重要的支持，就是对于大多数中国家庭来讲，比较
昂贵的学费。英国公学的收费每年至少都在三万英镑，而切
特豪斯公学又是九大公学中最昂贵的两所之一。真的要感谢
这个时代，感谢上海这座国际化的城市，这是一座更公平、
更守信，付出更有回报的地方。多年在上海的发展与资本市
场的专业打拼，作为妈妈，可以非常骄傲地讲，在此刻，可
以完全无忧地承担起孩子的公学费用。

金钱，是我作为妈妈从来不避讳和孩子谈的。女儿是蛮有艺术气息与文艺气质的孩子，对金钱确实没什么概念。这样反而更洒脱，更心无旁骛，但另一方面，有时也需要把她拉回现实，也确实需要教导她的金钱观。金钱本身没有任何价值，但是它绝对是一个人有价值的体现，更可以让人在面临选择时更加从容，心底无忧，脸上无惧。作为父母我们深知，让孩子真正能够放开手脚，去追寻心底梦想的，主要靠的是孩子的实力、坚持和奋进，但同样也要有家长的支持、责任与经济底气在里面。尤其是学习音乐，更是要拿出额外的开支，比如请钢琴教师，听音乐会，看歌剧，购置服装、设备，去艺术气息浓郁的地方体验、采风……

当妈的首肯了，也帮助孩子提早开始做入学前的准备，女儿很高兴，是那种小女生的小窃喜，感觉那一段时间孩子自己一直在偷偷地乐。是呀，她给妈妈写的那封信中，所有的事情在这一年中都一一兑现了：想去英国读书，申请到了心仪的公学；恳请妈妈同意，恳请妈妈破费，妈妈欣然解囊；选择专业，喜欢音乐，也如愿以偿。女儿高兴，当妈的更高兴。但是有一天，和她闲聊，竟遗憾的得知，和女儿一起商量要去英国读书的那个安徽女孩子，家里妈妈竟然不同意，孩子兴致勃勃申请，却半途而废了，想来真有点可惜。

离家的日子越来越近，伴随着孩子一步步长大，上学，住校，演出，孩子爸爸更多的是作为一名摄影师，站在父亲的角度在拍孩子，顺便拍拍我，很少有一家三口同时入镜的画面。这次孩子离开家，离开上海，无论如何我们都要拍一张全家福了！选衣服、化妆、做头发，一整天，在时尚芭莎，一家浦东小有名气的摄影楼里忙得不亦乐乎……夏日的阳光穿过窗外的树荫，将金色洒在影楼的布景上，照耀着，闪烁着，在专业摄影师的快门下，在 2015 年那个值得纪念的 8 月的夏日艳阳里，留下了 16 岁的女儿与爸爸妈妈在一起的，最美丽的倩影。

女儿已长大，我们还未老，不禁感慨时光待我们不薄，一切刚刚好！

女儿与爸爸妈妈的合影

/

开学的钟声与英国的乡村

/

> 教育意味着一棵树摇动另一棵树，一朵云推动
> 另一朵云，一个灵魂唤醒另一个灵魂。

2015年9月，碧空如洗，阳光明媚，我和孩子爸爸身着正装，陪同孩子一起到了英国萨里郡，参加切特豪斯公学隆重庄严的开学典礼。

一早，在英国萨里带着青草气息与如水晶般透明的晨光中，入学新生、家长、任课教师见面会在各个学院（House）的花园中开始了。堪称全英最美校园的切特豪斯公学，今天格外青春洋溢，绿草如茵，教堂钟声回响，蔷薇花在角落静静开着，白色牧羊犬卧在草地上。在女儿就读的Saunderites House，身着校服的学子，与远道而来的家长，风度翩翩的年轻或年长的教师，大家齐聚，分享着初见老师，初见新同学的羞涩、喜悦与兴奋，家长们更是兴致勃勃地倾听着老师介绍入学住宿及今后学校生活的种种。

家长们参加切特豪斯公学的开学典礼

切特豪斯公学创始人雕塑

切特豪斯公学的学子树

女儿这一级学生大部分是来自伦敦及各个郡的优秀学生，很多是已经在校读了两年的男生，女生只有几位，都是今年刚刚考进来的，只有两位亚洲面孔，除了女儿以外，另一位是从香港女校考进来的（切特豪斯公学每年在香港都有招生）。在这里，英国人特有的严谨保守仿佛已一掷而去，带来的是亲切无间，无任何生疏感的氛围。应了一句经典流传的话："在英国名校，大家彼此的认同感与生俱来。"我们也见到了女儿学院的舍监（Housemaster），艾伦（Allen）女士，剑桥大学毕业的一位四岁孩子的母亲，亲切随和，她的一句"我会和女孩子们一起住校"，打消了我作为妈妈的好多顾虑。

悠扬浑厚的钟声敲响后，开学典礼正式开始，地点选在学校无比宏大的纪念教堂，这座教堂是为了纪念"一战"中奋勇冲锋而牺牲的700名切特豪斯公学校友而修建的。这是一座典型的欧洲古典主义风格的宏伟建筑，高大的穹顶，耸入云端的塔尖，内部宽广、幽暗而庄严，太阳透过华美的彩色玻璃，将开学典礼镀上了一层光辉斑驳的色彩。

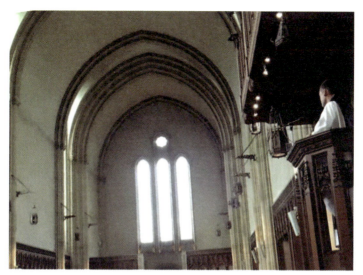

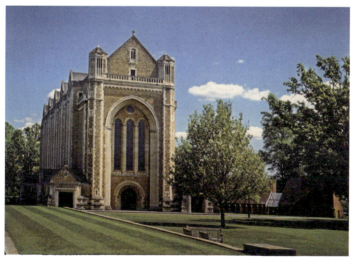

上图：切特豪斯公学的"一战"纪念教堂穹顶

下图：切特豪斯公学的"一战"纪念教堂

　　10 点 45 分，近 700 名学生及家长，身穿黑色校服及正装，准时依次进入教堂，分坐两边。由于切特豪斯公学是老牌教会学校，有超过 400 年的历史，因此开学典礼完全遵循了英国教会的传统，每人面前一本红色的圣经及一篇祷词。缓缓地，神圣的音乐伴着唱诗班女生的和声，悠然而起，由低而高，全场顿时安静下来。身着蓝白相间大教袍的主教登上仪式台，用浑厚平静的声音虔诚地念起祷词，基督教崇尚的真善美，希望与信念，非常淋漓尽致地体现出来。虽然我们不是基督教徒，但也非常深切地受到感染，庄严感油然而升！祷词结束，所有人起立，一起唱起颂歌：

> Be Thou my vision, oh Lord of my heart
> Nought be all else to me, save that Thy art
> Thou my best thought in the day and the night
> Waking or sleeping, Thou presence my light
> Be Thou my wisdom, be Thou my true word
> I ever with Thee and Thou with me Lord
> Thou my great Father and I Thy true son
> Thou in me dwelling and I with Thee one
> ……

　　平静而庄严的颂歌结束后，校长先生开始了开学致辞，纯正的英式口音，带我们走进切特豪斯公学：从学校的历史，谈到学校的未来；从学校对家长的责任，谈到学生对社会及众生的义务。言语间，充满了作为一个名校的神圣感与使命感。"我们将给所有学生平等的机会，我们更要以卓越回报父母，回报社会……""让今日以怀念拥抱过去，以渴望拥抱未来"英国诗人纪伯伦的诗句，在校长的致辞中体现得淋漓尽致。

典礼在庄严的圣歌中结束，但所有人都有一种意犹未尽，沉浸其中的感觉。走出教堂的一瞬间，忽然有种莫名的感动，眼睛一热，很久远，触及灵魂的一个梦想，感觉在这里，在这远离中国万里的英国公学中找到了。这是一场开学典礼吗，这分明是一场信仰与心灵的洗礼！

都说教育意味着一棵树摇动另一棵树，一朵云推动另一朵云，一个灵魂唤醒另一个灵魂。但在目前的中国，中小学甚至大学教育，有否真有唤醒我们内心深处的灵魂？是否只是功利心太强的激进的知识灌输？

抬眼望去：天空高远，一行飞鸟无声掠过……

记得作家林语堂讲过："世界大同的理想生活，就是住在英国的乡下……"女儿顺利开学，由于切特豪斯公学所处的萨里郡，是英国伦敦富裕家庭的近郊度假地，也是他们的第二居所，很具英国乡村特色，于是在安顿好孩子之后，我们开始了几天的英国乡村生活体验。

蒙蒙细雨中，我们入住了戈德尔明（Godalming）旅馆，一座建在古老的教堂以及舒适的小酒馆周围的有百年历史的旅店。在这里，生活节奏忽然变得缓慢，有一种乡村特有的宁静。窄窄的小径，周围清冷的教堂，田园艺术味道十足的商店，建于1633年的英国最古老的邮局，散着红茶香味的餐厅。建筑大多数都是红砖石砌成，也有白墙黛瓦的，斑斑驳驳，仿佛在诉说着历经风雨、传统悠远的历史，又渗透着英式的优雅与高贵。

晨光初微的早晨，推开窗子，外面的田野一片静谧，远处教堂响起庄严的钟声。淡金色的阳光中，飘着一层薄雾，不时几位农夫平静地穿过青葱的小路，拥向教堂。和着悠扬的笛音，远处的牛羊悠闲地徜徉在田野。在河边的茶室里坐下，悠然地喝一顿英式早茶，在英国烤饼的香味里感受晨曦中、水池边、树荫下、芳草间的英国乡村气息。

游完小镇颇有艺术气息的主街，再深入村间小路，耳畔是花园里洒水龙头发出的"嗖嗖"响声，刚修剪过的草坪散发的好闻的青草香味扑鼻而来。这里依山而建，每家每户独具一格，但是都有花园，无论花园大小，每个花园里都是鲜花烂漫，植物茂盛又浑然天成。不时有住家的主人出来摆弄花草，然后很友好地在花丛中向我们挥手。

一路走着，忽见一片明净的池水半卧山间，—— 这一潭与世隔绝的水面，将颤动的树影映照其间，叶子黄绿交加，安然躺于其中，不知名的小鱼漫游于清澈的水中，映着蓝莹莹的天空，带来夏末秋初英国乡间独有的景象。置身其间，你会感到英国乡村的美景不只是单纯的美丽和静宜，那是一种历史积淀出的乡村之美的淡雅和从容，而时间则将这种美淬炼得愈渐醇香，愈渐真实，愈渐宁静。

而就在这宁静美丽的半山，一位 16 岁的中国女孩，远离家乡，远离父母，在这个阳光如水晶般透明的秋季，开始了切特豪斯公学的生活。

上图：戈德尔明小镇公园内的湖泊

下图：英国乡村街景

女儿在戈德尔明小镇的琴行

上图：戈德尔明小镇的教堂

下图：戈德尔明小镇的公园

世外桃源切特豪斯公学

> 在英国，公学教师与学生人数的配比度极高，切特豪斯公学是 1：6，每个孩子得到老师关注的程度大大提高，学校把教育的责任完全一肩挑，作为教育者，具有全权承担的使命感！

9 月 8 日，孩子入学整一周，我们刚刚飞回到上海，就收到了学校里学院舍监的邮件，邮件写的很有意思：

Dear Juan and Jiang,

It was lovely to meet you last Wednesday, and I hope that April has been in touch with you in the last week to let you know about all the activities she has been doing. April has made a very good first impression. She gets on well with the other 1YS girls in Saunderites, and also with the 2YS girls (those a year older). She has found some of the boys a little difficult to get to know, but unfortunately, the boys are less mature than the girls and so they have found it difficult to interact with these new girls. There is certainly an improvement in this after an excellent dinner on Saturday and a fun softball tournament on Sunday – I have attached a couple of photos. April has thrown herself in to her new school, and as I write she is out Scottish Dancing!

Do let me know if you have any concerns or if I can pass on information that would allow you to understand our school and how it works a little better.

Best wishes,

Suzanne

Mrs SC Allen

Housemaster

邮件中详细列示了孩子在一周内的表现, 还有非常生动的户外体育运动的照片及个人特写。

切特豪斯公学的户外体育课

上图：切特豪斯公学入学女生合影（2015 年 9 月）

下图：切特豪斯公学丰富多彩的课外活动

本以为这是公学开学之初，对新生的特别待遇，未曾想，从9月8号开始的每一周，几乎都接到学校的邮件，主要是舍监艾伦女士的，也有单独的任课教师的，不是群发的那种通知，而是一对一的，各司其职的不同学科老师针对孩子表现发来的，告知家长这一周学习的内容，需要注意、提醒的各项事宜：学校礼仪、学习课程、体育运动、戏剧社团、晚间正餐及聚会，周末离校的申请，详细备至。第一次有一种受宠若惊的感觉，亲身体会到那种有一群人每天都在关照一个孩子的无微不至。

而回顾孩子就读的学校，有国际社区的公立学校，有很具规模的私立学校，有小班化的国际学校，但收到学校如此频繁、高密度的，针对个体孩子的邮件，不得不说也是平生第一次！于是，每个周末，是期待的日子，准时的，校长的邮件、舍监的邮件、学科老师的邮件就会像信鸽，如期而至。先不看内容，只是一个标题就感到安心，知道在万里之外，有一群人在关心着一个孩子。很幸运的是，所有邮件我都完整保留了下来，作为孩子在青春期的一份记录，数了一下，一共124封邮件。可以想象，这124封邮件给一位中国妈妈带来的感动与震撼，超过了以前所有对于教育与学校的认知。

切特豪斯公学的学生下课走在林荫道上

在英国，公学教师与学生人数的配比度极高，切特豪斯公学是 1：6，每个孩子得到老师关注的程度大大提高，学校把教育的责任完全一肩挑，作为教育者，具有全权承担的使命感！

没有任何一封邮件将责任推给家长，每一封都透露着深切的关怀，都在与家长交流、询问：如何将孩子教育引领得更好；是否真正关注孩子的全面需求，而不仅仅只是学习；是否有与孩子一起探讨如何发挥最佳优势，为未来的职业发展奠定基础；是否有站在家长角度关爱孩子的一份情怀。在切特豪斯公学这样一所古老而传统的学校里，作为家长，虽然时间短暂，但我们已经深深地感受到了与国内教育的不同，大不同。

在这所学校里，实行学院制与导师制的管理，孩子住宿与学习的地方是完全分开的：住宿是独立的类似小别墅的地方，女儿所在的宿舍有七八名学生，配备一名舍监（housemaster）、二到三名辅导老师（house tutor）、一名保姆。不同年级的孩子混住在一起，刚入学的新生，是两个孩子一间卧室，第二年就是独住，有单独的卫生间、浴室、厨房及带草坪的大花园。舍监负责孩子的整体管理，还负责与家长的沟通；辅导老师更多是对孩子功课上的指导；保姆主要负责孩子的早餐、起居、卫生、洗晒等事宜。

切特豪斯公学教学楼内景

每天早上 7 点 45 分，学生必须离开宿舍，到称为"House"的地方去开始一天的学习。女儿所在的是 Saunderites House，有十七八位学生，这是孩子们一天主要的活动场所，类似一个学习的沙龙，男女混学，有同级的，也有高两级的。不同年级的选课都在此，但要根据课表，按照不同的时间，去不同的教学楼上课。

学院在英国中学体制中起着非常重要的作用，围绕着学院，所有老师和学员形成了一个有机的整体，这应该是英国学院制的内涵。在公学中，不同的学院是相互独立的实体，各具特色，每个学院的学风或理念迥异，甚至一些细节也不同。在同一学院中的学生并不局限于同年级，实际上往往是从低年级到高年级平均分布的（或者按照学校中高低年级学生比例分布）。学生几乎都是在学院的旗帜下与其他学院的学生进行竞赛，而"学院精神"和集体团结又在学生的校园生活中得到强化。

这种竞争和团结既表现在文化课上，更集中地表现在体育运动方面。每个学院都有自己的橄榄球队、板球队、曲棍球队、游泳队、划船队或任何一种学校开展的重要体育项目的团队，而且在每一个体育项目中都组建了适合各种年龄和各种能力的运动团队。

上图：切特豪斯公学的学校足球队在比赛

下图：切特豪斯公学的学生乐队在演出

学校一般上午是文化课，下午全是课外延伸课程（ECA）。英式教育不仅注重对学生学术能力的培养，同时也非常注重领导力、团队合作精神、开阔的视野以及坚韧不拔的毅力等个人素养的提高，因而，在学校里，丰富的课外延伸课程必不可少。在切特豪斯公学，每天下午有两节专门给女生开设的瑜伽课，还有苏格兰舞、曲棍球、足球、水球、帆船、戏剧表演等课外延伸课程，学生可以根据自己的爱好进行选择。

学校教师的背景都极其深厚，大部分都毕业于牛津、剑桥等英国名校。这些教师平时是与学生一起住宿的，因此每周六早上也全部上课。教师周六下午与周日可以离校，而学生只有周六下午三个小时时间可以申请外出，但必须要提前提交邮件，向舍监进行申请，同时让学生家长或在英监护人批准才可以外出。周日上午是礼拜时间，家住伦敦的很多家长也会赶来参加，这在英国，在学校，都是很神圣的事情。女儿参加了唱诗班，因此每周日还要早早起床，去准备早上的礼拜仪式。

在高中 A-level 阶段，每位学生都配备有自己的导师，导师在和学生的朝夕相处中，会尽力去了解学生的一切情况，包括课业、喜好、运动、社交状况、朋友、生活中遇到的问题，等等。除了学习，导师会观察孩子的天性，发掘他们的特长，鼓励并引导孩子朝着自己擅长或者有天赋的方向发展。

"妈妈，那是一个真正的世外桃源"，从这所学校毕业后，女儿回忆在切特豪斯公学的生活，由衷地感慨。想来，真的是世外桃源呀，在宁静的远离尘世的戈德尔明乡间，在绿树掩映、安宁静谧的半山腰，一群出色的孩子，一群极其优秀的教师，大家共同生活共同学习在与世事隔离的童话般的校园中，尽情享受书香，享受阳光，享受美食，享受一望无际的草坪，享受知识传递的快乐，享受 600 年英伦教学历史沉淀的底蕴……

女儿在学生宿舍留影（2015 年 9 月）

/

英国公学的选课

/

> 好的学校，如果只有先进的硬件，不足以称为一所好学校，更为人称道的是好的学校能够给学生提供的资源。

说起切特豪斯公学，就不得不提到孩子选择的音乐学专业，为此学校专门配备了两位音乐学老师：一位是专门教音乐艺术史和乐理的，这位老师本科剑桥音乐系毕业，自己还在英国皇家霍洛威音乐学院读音乐学博士；另一位是年轻的法国旅英钢琴家 Emmanuel Despax，做女儿的钢琴老师，每周给女儿上一节课。不只是上课，这位年轻的钢琴家还经常在伦敦各大音乐厅开演奏会，而女儿也不忘去捧场，去现场体会音乐的魅力。

音乐专业学生除了要选择音乐学之外，按照 A-Level 的要求，还要选择两到三门其他学科。数学是所有中国孩子在海外读书的首选，国外数学确实学的简单，高中的数学课程女儿在初中 IGCSE 阶段就全部学过了，因此这是最容易拿高分的选课。女儿乐得轻松，毫不犹豫选了这一门课，我们也非常赞同。

但是没有想到，在另一门课程的选择上，我们、女儿和她的导师的意见相左。除了数学和音乐之外，女儿竟然选择了英国文学！自从女儿提交了选课清单之后，我就收到了孩子学校任课老师至少三封邮件，邮件里非常明确地希望孩子不要选择这一门功课，说是该课程难度极大，既要学习现代英国文学，还要学习古英文，学习内容包含史诗、散文、戏剧、诗歌等所有文学范畴，而且还有写作、文学评论等课。这些课程，对于一个英国本土的孩子，都是极大的挑战，而且考试不像其他科目，有较明确的答案，这门课程主观判断性太强了。对于母语是英文的孩子尚且如此，更何况对于异域的孩子呢。

但是女儿又开始了自己的坚持，不得不说，她是一个内心很执着的孩子。女儿讲了选课的理由，一是她自己超级喜欢，只有喜欢了才会真正学好；二是她知道的高一级的学生里，学英国文学成绩最好的竟然也不是英国本地孩子，而是一位母语也不是英语的巴西女孩。来回邮件，我们反复规劝，却一点不奏效，表面文静，内心坚定，说的可能就是这种孩子。最终，随了女儿的心愿，还是选择了英国文学。

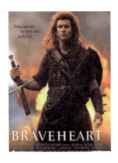  

上图：女儿的钢琴老师，年轻的法国旅英钢琴家 Emmanuel Despax

下图：女儿选修的部分课程

女儿进入了公学，作为家长，才深深地感到英国公学校友及家长的力量。而且这种力量是数百年来形成的，长期的、稳定的凝聚力。切特豪斯公学有定期的开放日，会邀请各年级的家长去学校各个学院的花园参加与教师一起交流的酒会；每周日，学校都有固定的礼拜时间，从早上10点开始，到12点，伦敦附近的家长甚至已经毕业的校友，每周都会驱车前往学校教堂，穿着考究隆重，参加礼拜仪式。

而每年的6月底，就是老校友聚会日，这一天也可以看作学校的古董车展，每逢此刻，大批白发苍苍的老人就从英国各地，开着只有在电影中才可见的古董级别的车，来到学校欢聚。秉承着老牌资本主义国家的传统，很多出席者都是着浅色衣服，女士浅色拖地长裙，男士浅色西装，这和我们印象中，正式场合穿深色正装的概念完全相反。而这一传统，经过女儿的讲解才知，是英国上流社会从19世纪以来的遗风。白发、蓝天、绿地、浅色衣装，明亮优雅，伴着欢声笑语，可以想象，这一天一定是切特豪斯公学最年轻的日子。

在切特豪斯公学校园里，校长有一项特权，可以在学校里骑自行车，其他人只能步行。这是让女儿非常羡慕的一点，或许学校实在太大了，去不同地点上课，有时竟要走几十分钟。于是女儿幻想也能够骑上一辆自行车，潇洒地行驶在学校旷阔的校园里。作为学生，若想在切特豪斯骑上自行车，只有一个途径：你是学校某一个社团的创始人，这样你就可以有这个特权了。

于是女儿在学习之余，整天琢磨着如何创立一个现在学校没有的社团，她煞费苦心，一开始设想日语社，后来又想搞交谊舞社，也进行了广泛的宣传与招募。但最终，都因为参加人数不够，没有实现。实在是因为学校社团太多了！而骑一辆自行车，潇洒行驶在英国最美校园的愿望，也就作为女儿的小小遗憾，永远留在了切特豪斯。

切特豪斯公学校长骑行在校园里，很随和地停下来跟我们打招呼

/

与女儿一起成长

/

　　　　成功的父母，是活出自己的精彩，活出孩子钦佩的样子！

　　高中 A-Level 阶段一切尘埃落定，我和孩子爸爸也提前进入了"空巢期"——孩子不在身边的日子。讲实话，即使孩子在身边，我也可能没有太多的时间照顾到她。本身从事了一份在资本市场极其忙碌的工作，而近些年，由于中国企业的渐渐强大，由于国家的"一带一路"倡议，越来越多的中国企业纷纷走出国门，进行海外企业的收购兼并。而我带领的团队，作为专业的全球领先的审计咨询服务机构，正是顺应着这一潮流，开始了以中国为根据地的全球并购业务。美国、英国、澳大利亚和欧洲其他国家都已经成为中国买家的心仪之地，也都留下了我们团队奋斗的足迹。

　　作为合伙人，从私心讲，由于孩子在英国，关注的市场更加偏向于欧洲及英国本土。也非常幸运地，先后帮助中国南车集团收购了位于英国纽卡斯尔的全球第二大海底机器人制造企业 SMD；帮助中国上市公司海能达股份收购了英国的全球领先的通信设备上市公司赛普勒（Sepure）；帮助上市公司炼石股份收购了位于英国的欧洲最大航空公司加德纳航空……伴随着企业的走出国门，我的视野与事业也进一步拓宽，与孩子交流也有了更多的跨境的话题。

确实，我们"70后"的这一代，算是很幸运的一代，赶上了改革开放，更赶上了中国大发展的时代，我有幸读了当地最好的中学，有机会进入大学，还有机会去美国访学。作为妈妈，深有体会，真的不该把自己的人生和愿景完全放在孩子身上！当父母为了自己的人生而奋斗时，孩子自然会有她自己的空间，也更会有成长与被激励的力量。尤其是妈妈，身处这个人人忙碌且焦虑的年代，如果把全部身心都放在孩子身上，自己与社会交往的出口，甚至个人情绪的出口只能是孩子，这样其实会给孩子造成很多额外的负担，反而会适得其反。何况现在孩子已经找到了她心仪之地，感谢女儿给了我这个妈妈足够的空间，只有不浪费这大好时光，珍惜这千载难逢的时代机遇，才能与孩子比翼。作为妈妈，始终记得一句话：最成功的父母，是活出孩子钦佩的样子！

女儿入读牛津后，我非常有幸，加入了中国牛津学生家长群，入群后才发现，这个群里的爸爸妈妈们，真的都非常优秀！企业家、大学教授、医学专家、设计师、律师、会计师、券商，各行各业的优秀人士云集，让人不禁心生感慨！孩子的优秀，一定程度上，真的是站在父母的肩膀上成长起来的。

牛津大学自然史博物馆

/

募捐

/

募捐（Donation），是西方私立学校一个永恒的话题。

英国公学募捐的英文标志

公学，在英国是纯粹的私立学校，学校的运营全部来自学生的学费、赞助和历代校友的捐款。在西方，给学校捐助已经是常态，特别是在私立学校就读或已经毕业的学生和学生家长。

有两次募捐，给我的印象非常深刻。

记得女儿入学第一年，切特豪斯公学在亚太区搞了一个捐助活动，目的是筹集学校科学会堂的资金，晚宴设立在香港，在香港赫赫有名的 Victoria Harbour 酒店，邀请函也是通过邮件发送的。捐助形式很有意思，是希望家长和老校友认捐当天晚宴的座位。座位分金座、银座、铜座，最高一级 10 万港币一个座位，最低 1 万港币。

家长认捐十分踊跃，我由于工作关系，很遗憾，那天晚上没有到现场。结果，一个月后，收到学校行政总管的邮件，非常高兴地告知大家，学校科学会堂的建设资金已经全部认捐完毕，竟还有盈余。而未有机会去参加的我，心里竟有些许遗憾。不得不说，一次募捐，确实感受到私立学校校友资源与家长支持的这种力量与力度！

而第二次募捐就是女儿这一级学生即将毕业时，收到了一位家长的邮件，为了给和孩子们朝夕相处的舍监和学业指导老师准备毕业礼物，大家自发地进行捐款。经过大家的商议，一致同意给年轻的舍监一个有纪念意义的大花瓶，给年长的学业指导老师的竟然是一把原木的、放在英式花园里的长椅。所有学生的名字，都刻在花瓶底座和长椅上面，礼物精致，惊喜，有意义。所有家长都非常用心，踊跃捐款，来贡献自己的一份心意。

在每一期的校刊 *THE CARTHUSIAN* 中，我们都会看到有校友的定期捐款，更会看到这些款项的运用，有的用于学校设施改善，有的用于各类慈善活动，等等，都非常清晰明了。

确实，英国私立学校的运营模式给了我们很大的震撼。而那种源自心底的校友及家长自发认捐，那种我年少，你为了我倾尽全力，教授知识，教我成长；当我事业有成之日，我必反哺鸣谢的真情真意，已经融入每一个私校毕业生的血液中。很多捐助，都是家族式的，爷爷辈在 C 校就读，父亲辈也在这个学校，儿子也在 C 校，这已经成为很多英国家族的传承，而代代捐助也就成为家族的责任与荣光。

/

一位心系安哥拉的公学同学

/

> 英国公学的同学中，很多有很好的家世与背景，很多孩子从小就去过很多国家，而丰富的阅历也造就了他们很小就开始关注世界。于是很多孩子都是从心底里感觉自己是怀有使命的，老师问起来，将来要做什么，几乎所有同学都是很酷地回答：改变世界！

其中一位叫乔瓦尼（Giovanni）的同学，是很特别的，而且我未曾料到的是，在两年后，这个孩子却与我有了很深的缘分，甚至走进了我在中国的生活。

这是一位生在英国但是童年在安哥拉度过的孩子，父亲是意大利人，母亲是葡萄牙人。一开始知道他，是从女儿的描述中，他是个风云人物，是切特豪斯公学慈善基金会的主席，为安哥拉地区的教育在学校里募捐款项。看到他的名字，是在学校的校刊：他是学校水球队队长、足球队队员，连续两年学校校长一等奖学金获得者。

见到他本人是两年后，在中国。他已经被英国帝国理工录取，但是像很多国外的孩子一样，在上大学之前都会有一年休学，英文是 Gap Year，即间隔年，国外很多青年在升大学或者毕业之后工作之前会做一次长期的旅行（通常是一年），他们会充分利用这一年去看世界，做自己喜欢或者想做的事情，通常是到另一个陌生的国家，去了解社会，去体验与自己生活的社会环境完全不同的生活方式。

乔瓦尼就利用申请学校后的第一年，来到了中国。他真的是有极其高的语言天赋，由于父母的背景已游走多国，他已经能熟练地讲意大利语、安哥拉语、英语、葡萄牙语，而此次来中国，他是来学习汉语的。他计划先入中国的大学学习半年，然后再用半年时间在中国实习。通过女儿，他求助到我，我也非常乐意帮这个忙。于是，2017 年 9 月他来到了中国，先进入了哈尔滨师范大学，学习中文。

四个月后的 2018 年初，在上海第一次见到了他本人。皮肤微黑，高高大大的，很帅气又有点腼腆的小伙子。由于我的团队每年都要招聘实习生，也不拒绝外国学生，因此近水楼台，就让他到我的团队来实习了。汉语，对于很多外国人来讲，由于语系的不同，真的是非常难学习，发音难，书写更难。但是四个月的学习，我发现他来到我们团队时，已经可以讲颇为流利的汉语了，而他外向的性格，逢人必讲中文的学习精神，更加促进了他语言能力的飞速发展。

乔瓦尼参加上海沙滩排球比赛留影

我们的工作是审计，因此，与数字打交道是必不可少的。之前，他从未接触过会计，对于审计更是无从了解。于是，给他分派了最基层的活儿，复印凭证、翻译底稿和报表，而他竟然做得有模有样，跟着经理去出外勤也非常积极主动。我的事务很多，也无暇管到他太过具体的事宜。直到有一天，无意中在办公室看到他，而他竟然设计出了一套可以进行中英文报表自动翻译的软件，只要操作几个按键，就可以准确无误地将中文报表转换成英文报表。工作效率真是大大地提高了！孩子兴奋地给我演示，带队经理对他大加赞扬，我不禁对他刮目相看！

更让人刮目相看的，是他的价值观。他侃侃而谈，跟我讲他小时候在非洲安哥拉看到当地穷苦人民，没有干净的水，没有充足的食物，甚至没有钱去看牙医，只能用火来烧发炎的牙齿。他说他的终极目标是要回到安哥拉，拯救当地的穷苦人民。说这话的时候，你一点没有觉得这是空谈，只是感慨一个年轻人对于世界的理想，我也开始理解他在切特豪斯做的慈善事业。

而一次我与他吃饭聊天，他说在中国特别感慨，说他来中国这半年看到的年轻人，让他很困惑，几乎所有优秀的人都去选择金融、会计专业，问我："为什么这些人都把未来赚钱放在选择学业与专业的第一位？为什么不遵从自己的爱好去选择？这些人没有想过，未来要改变世界吗？"对于他的问题，我也无语。确实，他从一个18岁外国孩子的角度，说出了一个当今中国最现实的现象，不单纯是学生这样想，这是中国现在的通病。我想解释，解释得更清晰，甚至想为中国孩子辩解。却发现，在这个特别单纯却执念的孩子面前，语言的无力与现实的苍白。

毕竟是孩子，很喜欢探求新鲜事物，一直嚷着要跟我学做菜。一个周末，我把他带到家里，而教给他做菜的重任，就落到了家里老公头上。从最简单的西红柿炒鸡蛋，到比较复杂的芹菜炒肉，他都认认真真地学习，带着这个年龄的孩子特有的兴奋劲儿。他最喜欢的还是有点西餐口味的西红柿炒鸡蛋，满满一大盆，全部一个人承包了。

空余时间喜欢和这位皮肤微黑的小伙子聊天，他说他们班里一共有三位同学休学一年，一位同学去了南非一家公司做咨询，想积累一下咨询经验；还有一位同学去了瑞士一个山顶餐厅打工，原因竟然是因为他超级热爱滑雪，而那份工作可以提供免费滑雪的机会。

半年实习很快就要结束，他就要离开中国了，我竟然有点不舍。精心为孩子的父母准备了中国特色的陶制茶具、大红袍茶叶，给孩子妈妈准备了苏州产的丝巾，给她的小妹妹准备的是上海的特产大白兔奶糖，而给他奶奶的是一罐中药制剂梨膏糖。

回到瑞士，这个孩子又找到了一份在瑞士保险公司的实习工作，为期两个月。看着他传回来的照片，有点生疏却在努力学习的中文微信，我作为他曾经的中国妈咪，由衷感到开心与快乐！能够在他 18 岁成长的过程中帮他打开一扇中国的窗户，能够在他 18 岁的美好年华，给他一个了解中国的机会，这份欣喜是由内而外的。而我也坚信，这个有着帅气外表和雄心壮志的孩子，未来之路一定会非常宽广！

乔瓦尼拍摄的安哥拉自然景色

/

站上复旦的讲台

/

　　　　平等与信任，这是孩子成长过程中真正的富足
的营养，从这些营养中，孩子得到的是完全正面的
心理暗示：父母永远是她坚强的后盾。

　　高中 A-Level 阶段第一学期很快，不到三个月时间就结
束了。圣诞假孩子飞回上海，自然又是一番亲热撒娇，小女
孩的天性在父母面前暴露无遗。而暑假回来，孩子也有了很
多自己的安排。曾经在财大的戴老师竟然邀请孩子去复旦，
给钢琴社同学讲课！这个挑战，实在是不小！我都替女儿捏
了一把汗。虽然选学了音乐，但毕竟才学了几个月，恐怕连
皮毛都没有摸到吧，竟然去给大学生讲音乐？

　　那是一个周末，我开车陪着孩子到了复旦大学。很多次

从复旦的门口经过，但真真实实在复旦校园里漫步，进到教学楼里面，是第一次！郁郁葱葱的林荫道，时不时路过的抱着书本的学子，远处操场上打篮球的喧嚣，学院的气息扑面而来，看来我内心深处还是非常喜欢菁菁校园的生活。女儿生活中性格文静、内向，话不多，登上复旦大学的讲台会是怎样的呢？

　　和比自己大几岁的优秀的同龄人交往，一直是我很赞同的，而给他们讲课，却不是我能想到的。直到落座，看她小小的年纪，站在讲台上，带着一分稚嫩，但是却从容不迫。对专业知识的解读，对音乐的侃侃而谈，讲课的那份自信与投入，板书的认真与洋洋洒洒，完全不是生活里那个安静的孩子了。这一刻，感觉孩子在飞翔！从孩子神采飞扬的脸上，可以真实地感受到，做自己热爱的事情的满足、投入与幸福。

　　非常感谢这几次的复旦讲课，对于女儿帮助真是极大。首先是专业上的，你要给别人端一碗水，你至少自己要准备一桶水，因此女儿为了讲课，回家做了大量的关于专业方面的准备与笔记。其次是锻炼了一种能力，当众讲话的能力。孩子平时文静，但是由于上过舞台，当众表演，女儿是不怵头的。但是讲课和表演又不同，更多的是要和学生有互动。三是我们当时都没有想到的，就是因为这几次的讲课，在女儿后来申请英国大学，尤其是申请牛津大学的陈述里，这个经历起到了非常大的作用。女儿在陈述里第一句话就写道：复旦大学是中国一所著名的大学，我作为一名高中生，却非常荣幸地站到了这所名校的讲台上。简简单单一句开头，相信，一定吸引了所有严苛的招生官的目光。

女儿在复旦大学讲乐理课（2017年9月）

　　转眼间，圣诞节就要到了。以前在家里时，都会给女儿准备一份礼物，今年也不例外。一个宁静的早上，和女儿坐在窗前聊天，随意问起今年的圣诞节礼物，出乎我的意料，孩子不像小时候了，想要一箱书，一个大娃娃，一个好看的电动玩具，一次旅游……女儿说："妈妈，我什么都不要，我觉得我现在什么都有，什么都不缺。"我回过头看她，很平静，很随意，很满足的一副神态，完全不是想给妈妈省钱的样子。晨光映着孩子稚嫩却越来越清秀妩媚的面庞，我不禁内心一动，特别感慨：孩子真的是心里很富足，那种平和，真的是我作为妈妈特别乐见的。"心不穷"这三个字，或许是这么多年来，我带给孩子最好的礼物了。内心的丰盈与富足，这或许就是"00后"与上几代中国人的差异。物质的富足，给了他们坚实的生活保障；而情感和知识见识的富足，更给了他们足够的看淡世界、心随自我的底气。

　　而带给孩子的另一个礼物，就是孩子会完全平等而无任何芥蒂的与爸妈对话。直到现在，已经大一的孩子了，女儿还会缠着我们，每天用微信，事无巨细地跟我们讲学校的趣事，交往的朋友，甚至交往的男朋友，自己的烦心事。这一点，是周围多少有大孩子的家长们羡慕的。大部分的中国孩子，是羞于或者说怯于与父母进行很深入交流的，这和中国的传统有关。长辈为尊，尊的同时带着威严，更带着一份距离，因此孩子怯于与父母沟通。再者，也和父母的教育方式有关，很多父母都想当然地认为孩子的想法都是幼稚的，不成熟的。

但是作为妈妈，我一直执拗地认为：养孩子，更多的是为了付出与欣赏，为了一份上帝带给的幸运与缘分。孩子，真的是给了我们又一个童年的人啊！因此，在家中，无论女儿说了多么离谱的事情，作为妈妈，我都一定会站在她的角度，甚至强迫自己用一颗貌似 16 岁的少女之心去理解她，解读她，然后母女俩一起，你一言，我一语，分析这个想法对还是不对，这个朋友值不值得交往。这份信任，让我和孩子没有任何疏离感，而这种信任是一种真正的亲近，即使她每周住校，即使她远在伦敦，即使我出差到世界的任意角落，母女之间依然感觉就在身边。

平等与信任，这是孩子成长过程中真正的富足的营养，从这些营养中，孩子得到的是完全正面的心理暗示：父母永远是她坚强的后盾。你的一切我接纳，你的不好我都懂，在我眼里反而都是另一种好，无端的宠溺，我也会以自己有限的人生经验给你另一种解读。这样，即使面对暂时的不理想，孩子也会多一个视角看问题，更会有足够多的应对人生风雨的底气。

/

伦敦购房

/

　　海外因学购房，最有价值的不是投资本身，而是给孩子带来一份心底的"安定感"。

　　孩子到了英国求学，由于我和她爸爸时不时要去英国探望，加上孩子的钢琴、衣服、家当不少，来回跨国搬运确实费时费力。对于中国人来讲，全球化的资产配置，一定是未来的趋势。企业的全球化势必跟着的是个人资产的全球化。作为全球的金融中心，伦敦以独特的魅力吸引着全球的投资人，房价波动不大，非常稳健，对于海外买家也没有任何限购政策，一直大门敞开。不求增值过快，但求稳健，更为了孩子的一份心安，为了家人有更便利的居住条件，我作为从来没有海外购房经验的一名妈妈，开始了在伦敦看房的经历。

　　很幸运，通过朋友介绍，认识了一位家在上海，现在在伦敦，专职做房产销售的小伙子。他的经历也比较有意思，以前在伦敦求学，后来在大学教书，但是由于自己在伦敦买房的经历，发现了这片蓝海。尤其是近些年，大量的中国孩子在英国读书，吸引了大量的中国父母在英看房，买房。于是果断转行，现在做的很是风生水起。

伦敦的房地产市场非常规范，价格近乎透明。但是二手房，由于产权永久，很多都需要买来后推倒重建或者大规模修缮，因此买新建的房屋，对于我们这样只有公务和休假才能来伦敦的人士，是最佳选择。从切尔西看到富勒姆，历时近半年，几番比较，让我这个对于伦敦房产几乎一无所知的外国人，也对伦敦房产有了一个概念，在看房过程中，更深入了解了它的独特性。

和北上广深比较，颇有不同。如果只看顶级豪宅的话，伦敦市中心的价格还是比上海贵很多，像在白金汉宫、威斯敏斯特、切尔西等顶级地段，现在新的豪宅价格基本都在每平方米人民币 40 万～50 万元，确实贵！但是，稍稍远离伦敦顶级区域，我们就会发现，价格差距迅速拉开，在地铁五站以外，伦敦二区的基本价格在每平方米人民币 10 万～15 万元之间，而三区价格仅为 8 万～10 万元，和上海内中环价格持平。

更值得一提的是，伦敦的房子是按照套内实际使用面积来出售，不像国内，按照建筑面积来计算，你永远搞不清楚，你买的真实面积。因此伦敦的房产让人感到更加的划算与安心。而它的全部精装修交付标准，产权为几乎永久的 999 年，对于我们都是很大的利好。同时，大型社区的环境比大多数上海的楼盘要好太多，绿树成荫，大型公园、湿地、湖泊散落在社区中。

几经比较，我们终于选定了伦敦西南格林尼治公园附近，一个大型正在开发的庄园社区，整个社区有 55 公顷绿地，有天鹅湖，有两个大的湿地公园和森林，更是有大型超市，幼儿园、小学、中学一应俱全，而火车站就在社区旁边，配套完整，环境一流。

由于我从事的注册会计师这份职业，在国外看来是类似政府官员、医生、律师、大学教授等信誉等级的，因此贷款也没有特别费周折。申请英国房屋贷款，一般贷款 50% 是没有问题的。签下购房合同，首付款只需要支付 10%；在购买一年后，支付另外 10%；其他所有的余款，都等房屋竣工，交付钥匙的当天，再行支付。购房全程有律师、评估师的介入，买家只需要根据他们的提示，准备相关材料及款项即可。在销售商的帮助下，一切顺利解决。只等新房竣工，我们就可以入住了。

　　中国人确实都有这样一个情节，"居者有其屋"，有自己的住房，内心是笃定的，而在海外买房，方便自己居住的同时，更多的是给孩子心里带来安定感，而这份内心的踏实以及由此带来的"我在伦敦有个家"的从容，是金钱买不到的。

伦敦格林尼治公园附近的家和湿地公园

/

英伦陪读的日子

/

> 世界真小！不经意中，你的人生总会惊喜
> 连连……

2016 年 3 月，第二学期的小长假，正值女儿准备全球 IGCSE 考试的假期，假期不长，三个星期，但是考试很重要。于是我下定决心休假两周，去英国，陪伴女儿。当时在格林尼治的房子还未交房，我们在爱彼迎（Airbnb）上预定了一个套间，房东是法国人，房间不大但是很干净，我和女儿住刚刚好。小区很宁静，在市中心闹中取静的地方，旁边有一很大的公园，窗前一树梨花让我甚是喜欢。

小居英国的日子恬淡温馨，陪女儿复习功课，练练钢琴，逛逛超市，看窗前那棵齐屋高的树一点点开花，浅浅的黄色一寸一寸露出来，楼下小溪流水潺潺，偶遇的被主人牵着的小狗不时地向你张望，和着伦敦忽晴忽雨的天气及蓝得

不可思议的天空，心绪顿时宁静下来，人生的美好就像窗前的花，一寸一寸在你的心头慢慢绽放……

在英国居住的小区一景

假期的另一项任务，就是练琴。女儿真的幸运！施坦威钢琴英国销售总部竟然就在伦敦的贝克街，而且那里提供极好的练琴机会，所有钢琴全是施坦威。于是，每周一下午，陪同女儿，换乘两部地铁，穿越长长的风情十足的贝克街，去全球最昂贵的练琴之地，享受施坦威钢琴带来的愉悦。

在练琴过程中，女儿还参加了施坦威总部举办的一个小型音乐会，结识了这个圈子里"90后"非常厉害的一位钢琴家兼作曲家：杨远帆，一个在英国长大的中国孩子，19岁，有着天才般的琴童经历。

这是一个既能出色演奏钢琴，又有着强大作曲能力的孩子。12岁在英国曼彻斯特钢琴协奏曲国际大赛中获一等奖；13岁在英国广播公司年轻音乐家大赛中获当年唯一的"最显潜质"的沃尔特·拓兹奖；15岁在英国广播公司年轻音乐家大赛中获全英钢琴冠军；被称作"音乐神童，键盘之王"。在演奏会现场，也有幸遇到他的父母，一对来自中国武汉的夫妇。父亲是武汉人，现在在英国利兹大学教汉语，父母都是一副极其朴素的样子，儿子却如此优秀！一首自作曲的《波涛》（Waves），现场演奏得激情澎湃，荡气回肠，完全就是在海上扬帆踏浪的感觉。而其演奏的勃拉姆斯的乐曲，更是技惊四座！看女儿从容淡定的与他交谈，交换微信，与参加音乐会的老爷爷、老奶奶们谈笑风生，那种自如、自信、优雅，已是妈妈所不可及的……

其中一个小插曲至今记忆犹新：音乐会结束，一位很美丽的有着精致妆容，口红鲜艳的英国老奶奶与女儿聊起来，越聊越嗨，原来她的叔叔（她看起来已经要 70 岁了）竟然和女儿是校友！也在切特豪斯公学读过书！看着她充满慈爱的，望向女儿的目光，以及由衷的祝福女儿前程似锦的话语，让我们感到来自异域的关爱！真的，爱心是会跨越肤色，跨越语言来传递情谊的！也让我们感叹：世界真小！不经意中，你的人生总会惊喜连连……那夜，与女儿一路感慨，一路欢笑，一路情不自禁互相打闹，不觉竟坐反了地铁，差点错过回家的末班车……

3 月的英伦，芳草萋萋，春花遍地，在 24 号，这个值得纪念的日子里，陪女儿来到了剑桥大学。女儿是来参加剑桥一个音乐大师班的。剑桥，因为徐志摩的那首广为流传的《再别康桥》，成了我们中国人梦中的康桥，它就这样静静地伫立在面前。校园安静，蓝天白云之下，绿树葱茏，芳草如茵。高大的校舍，教堂的尖顶，爬满青藤的红砖教学楼，掩映在一片绿色中。曲折蜿蜒的剑河，静静地流淌，岸边垂柳成荫，丛林永翠，衬托着剑河的一泓碧水，大学城宁静幽雅，弥漫着淡淡的书香与诗意。

而令我这做妈妈的激动的是，今天这个特别的日子是女儿的生日！17岁了，正是如梦如幻的年龄。女儿在剑桥大师班听课，做妈妈的怀着激动和小心思在剑桥小镇逛街，在街心的花店里，精心挑选了17朵带露水的玫瑰花，精心包装，插上祝福的卡片。

女儿一天课程下来，走出教室，当看到那束浅香槟色的玫瑰花，小姑娘的天性显露无遗，大大的拥抱与尖叫。而那一刻，少女绽放的美丽的笑容，就像剑桥的潋滟阳光，温暖了整条剑河。

剑桥大学一景

女儿在剑桥大学的生日留影（17岁时）

/

公学里的诗与远方

/

庆幸孩子在诗一般的年龄，在做诗一般的事情，拥有诗一般的情愫！

切特豪斯的日子，平静如水，孩子们每天都吸收着新鲜的知识，每天也面临着充满挑战的一次次作业，论文，课题讨论。

这其中女儿的英国文学老师，是给她留下最深刻印象的老师。"click，clark；click，clark（踢哒踢哒）"只要是听到这个声音，孩子们就会知道文学老师要来了。诙谐，幽默，激情满怀，每节课都穿着中世纪的红色教袍，来给学生上课。那是一份对于古典文学的庄重与致敬！

第一堂文学赏析课，竟然是女儿小时候读过的《追风筝的人》，是美籍阿富汗作家卡勒德·胡赛尼（Khaled

Hosseini）的第一部长篇小说，"我成为今天的我，是在1975年某个阴云密布的寒冷冬日，那年我12岁。我清楚地记得当时自己趴在一堵坍塌的泥墙后面，窥视着那条小巷，旁边是结冰的小溪。许多年过去了，人们说陈年旧事可以被埋葬，然而我终于明白这是错的，因为往事会自行爬上来。回首前尘，我意识到在过去26年里，自己始终在窥视着那荒芜的小径。"文学教师拿这篇文章作为分析作品开头的经典篇章，让女儿心底有了一丝小小的得意与似曾相识的感触。小时候走过的路，看过的书，或许就会在未来的某一天，某一个知识点，某一件事情上有回应。

每一次上课，都充满了仪式感。可以想象，在威严宏伟的教堂式建筑中，一位身着红色教袍，充满激情的老师，带领大家徜徉在英伦文学的广阔天地：莎士比亚的古典诗歌，艾略特的现代诗歌，王尔德的小说，麦克维尔的《白鲸》，中世纪的古英语，那画面的代入感实在是太强！

远隔万里，伦敦飞雪……在远离都市70公里的萨里镇，在有四百多年历史的校园中，在外表陈旧内里却温暖似春的学院里，一群十六七岁的花季孩子，不分男女，不分国籍，簇拥着身穿红袍的教师，壁炉的火焰温暖明亮，在雪夜，映衬着浅蓝色、深黑色眼睛里那绽放的光芒……庆幸孩子在诗一般的年龄，在做诗一般的事情，拥有诗一般的情愫！

　　而文学老师做的另一件事情，也深受同学们欢迎，他成立了切特豪斯第一个校园品酒会，每月一次的品酒活动，在学校的酒吧举行。老师会非常耐心地教授孩子们各种酒的产地、构成、酿造工艺、餐食搭配，女儿最喜欢的一款酒就是产于法国的葡萄酒波尔多与勃艮第。美文配美酒，真的是诗酒年华趁青春！

女儿在学校参加品酒会（17岁时）

花开烂漫：

从公学到牛津

/

申请大学

/

　　牛津、剑桥几百年来相爱相杀，学生只能在牛津和剑桥之间选择一所申请，不可以同时申请两所。而在申请牛津、剑桥的学生中，只有30%有幸拿到面试通知。

　　转眼在切特豪斯学习生活已经一年，2016 年 10 月份，A-Level 第一年考完试后，就到了申请大学的阶段。按照英国教育部的要求，高中毕业申请大学，最多可以申请五所。而此刻，我们却都不在孩子身边，也完全不清楚申请要求、流程。非常感谢切特豪斯富有经验、认真负责的老师，在孩子申请学校的过程中，提供了非常多的帮助与指导。准备提交的资料，预估成绩，个人陈述，都在老师的指导下有条不紊地准备好。女儿也信心满满，顶格申请了五所学校。

　　申请过程中，成绩很重要，一般老师会根据学生在

A-Level 第一年的成绩，做一个预估，拿预估成绩去申请大学。但最终大学是否录取，还要看最后的 A-Level 全球统考成绩。而另一项，个人陈述就更加关键。要把自身最优秀的，最不同于其他孩子的地方展示出来，难度不低。现在国内很多留学中介也都存在给孩子过度包装的问题，因此一份好的让面试官眼前一亮的陈述，确实非常重要。女儿的陈述是在老师的帮助下进行的，一共改稿四次。最终提交的反而是一份很平实的陈述，但是开头却引用了在复旦给大学生上课的情景，估计也会让读到的老师，为之一震吧。

2016 年 10 月 15 日，在孩子申请递交所有申请材料的一周后，英国皇家霍洛威学院音乐系的录取通知竟然就发到女儿邮箱，这也让远在上海的我们开心不已！

随之而来的，两周之后，杜伦大学音乐系、伦敦大学国王学院音乐系、布里斯托大学音乐系三所学校的录取通知纷至沓来。孩子，是家里第一个中学就到国外留学的，全家人都非常关心。因此，每一个学校的录取通知，都像一朵礼花，在上海和山东的家中绽放，带给我和孩子爸爸，孩子姥姥、姥爷，还有远在山东的亲人一次又一次惊喜。起码，保底学校都有了！而且这四所学校，在英国都是非常好的学校，选择其中任何一所，作为妈妈，都是极其满意的。

在英国的大学本科教育体制下,只有牛津和剑桥两所大学,必须参加学校统一组织的笔试和面试,其他学校,凭借预估成绩和个人陈述,就可以直接发录取通知,无须参加任何面试。牛津、剑桥几百年来相爱相杀,学生只能在牛津和剑桥之间选择一所申请,不可以同时申请两所。而在申请牛津、剑桥的学生中,只有30%有幸拿到面试通知。

心心念念的牛津,终于在三周后的11月初给了面试通知!

女儿的第一份大学录取通知：伦敦大学皇家霍洛威学院音乐系

/

牛津面试，备考A-Level

/

拿到牛津大学的面试通知，女儿还是开心了一阵。但这只是一个开始，牛津大学的面试可非同凡响。大部分申请牛津的中国孩子，成绩都是极其优秀的，但是大部分都止步于面试。中国孩子的临场发挥，中国孩子的英文表达，都显示了短板。

还是非常感谢切特豪斯公学的老师，尤其是女儿的音乐老师，光是模拟面试，就给孩子单独安排了四场。模拟各种面试情形，而音乐老师本身剑桥大学毕业的经历，也给了孩子申请牛津最给力的帮助！

面试时间定在2016年12月5日。这实在是一个重要的日子，但是，非常遗憾，由于工作原因，我要到巴拿马出差，陪同孩子面试的任务就又落到了孩子爸爸身上。

现在想来，孩子真要感谢自己，我们也真要感谢孩子！

冥冥中选择的这所在英国大名鼎鼎，但当时在国内鲜为人知的英国私立学校，切特豪斯公学，等到孩子牛津录取后才知道，牛津和剑桥，每年申请的学生，虽然只有30%拿到面试的通知，但是女儿就读的切特豪斯公学的学生，是可以100%拿到面试通知的。这是多大的一个概率啊！我们作为家长，是懵懵懂懂的，很多都是孩子自己走过这条路，回望才知道这其中的所谓英国教育的潜规则。

为了做好充足的准备，老公提前飞到伦敦，父女两个提前两天到达牛津，去踩点。虽然面试安排了住宿，但是房间太简陋嘈杂了，于是换到了一个非常安静的私人旅馆。后来证明，这个举动完全正确。得到充分休息的孩子，体力与信心都是满满的。

第二天一早，阳光明媚，初冬的牛津镇，阳光带着一抹浅浅的金色，暖暖地照在古老小镇的每一个角落，更在孩子周身形成了一层光芒。孩子满怀信心地走向面试考场。作为老爸，更作为孩子的"御用"摄影师，老公及时捕捉到了孩子在步入牛津考场的瞬间，那人生无比珍贵的时刻！

女儿拿到了牛津两个学院的面试通知，第一个学院就是自己心仪的玛格丽特夫人学院（Lady Margaret Hall, LMH）。

这个学院曾经是牛津的第一个女子学院，学院以英国国王亨利七世的生母玛格丽特·波弗特夫人 (Lady Margaret Beaufort) 命名。在英国历史上，波弗特夫人终其一生都致力于推进英国的学术研究，鼓励文学艺术的发展，并常常为此慷慨解囊，资助学者。曾活跃在世界政治舞台上的女性领导人，如：贝布托、昂山素季等，都是这所学院毕业的。

女儿遇到的面试官是两位很年轻的老师，后来知道其中一位是加拿大籍音乐学博士，毕业后从美国来到牛津做教授；另一位年轻的教师，是女儿以后学习的导师，是牛津音乐学在读的博士。作为音乐生，面试的最主要内容是随意抽取一部乐章，然后准备 15 分钟，针对这个乐章进行各个角度的理解与分析。

女儿是幸运的，遇到了自己真正喜欢的命题：谈一谈你眼中的莫扎特。15 分钟的短暂准备后，进入到考场，未曾料想一场面试竟变成了学术交流，与面试的两位教授越聊越嗨，本来 25 分钟的面试，竟然聊了 40 分钟！以至于都耽误了下一场面试。而下一场面试，就是女儿非常生疏的题目，朋克风之类的命题，面对的是两位古董级别的老教授，女儿自认为面试效果不能和第一场媲美。

2017 年 1 月 11 号，我正在云南出差，那天的昆明祥云浮现，天空是淡紫色的。傍晚时分，监护人的微信从伦敦发来。原来牛津的预录取通知寄到了伦敦的监护人家里面。短短的一封通知，跨过大洋，让全家都沸腾了！面试获得通过，获得牛津大学有条件录取！在迈向牛津大学的路上，又近了一步！

于是，接下来，开始了备战全球 A-Level 的最后阶段考试，的确非常紧张。牛津的录取条件是需要通过三门课程，而且都要达到至少 A 的成绩。数学，女儿没有问题；音乐，女儿说也很有把握；但是文学课，真的很多因素是不确定的。文学考试分为：文学理论、诗歌、散文、古英文及对未见过的文章进行分析。女儿也把所有的时间，几乎都放在文学课考试的准备上面了！记得考完后的一次聊天，女儿说起了文学课的备考，随意讲道：妈妈，我真是把几乎整个英国文学的书籍包括戏剧的场景都背诵下来了！我心里一颤，心疼女儿的同时，也真为她骄傲，哪有不劳而获？哪有唾手可得？所有回报不都是一点一滴，兢兢业业，孜孜不倦地付出而得到的？所有看似淡然的背后，不都是倾心热爱与挑灯夜读的累积？

经过繁杂的申请,准备,漫长的持续两个月的 A-Level 考试终于在 6 月底结束了!反正已经手握四份英国名校的录取通知了。该放松一下了!

于是,从 7 月开始,孩子开启了长达一个半月的欧洲之行。第一站,意大利威尼斯,在爱彼迎上预定的威尼斯水边的住宅,竟然一住两个星期。在肖邦的故乡波兰,也是停留了近两周。德国的海德堡、天鹅堡,瑞士的日内瓦、洛桑,比利时的布鲁塞尔,法国的巴黎……相信,欧洲纯美的山水与那古老的艺术氛围,一定会在女儿的心里留下很多值得回忆、值得汲取的营养,也一定会在她未来的音乐之路上,带给她更多的感悟与灵性。

就在欧洲之行结束后,回到上海的第二周,A-Level 的全球成绩公布了!记得出成绩的那天下午,原本我还在办公室,但是特别坐立不安,只好回家。而到了家,女儿却正在睡午觉,真是神经大条的孩子!爸爸叫醒她,让她尽快上网查成绩,一分钟不到,孩子自己欢呼起来!女儿英国文学、音乐、数学,三门课竟然全部是 D2 成绩,相当于 A-Level 的 A*,绝对是超水平发挥啊!三个 A* 确实是我们没想到的!当时我们就和女儿抱在了一起,所有的付出都值得了!

女儿在波兰华沙肖邦墓前（这里珍藏着肖邦那颗爱国的心脏）（2017 年 9 月）

/

走进牛津

/

牛津大学所体现出来的大学精神就是，首先对
卓越有绝对的追求，无论是在教学还是科研上，都
永远不会安于现状，持续地追求做得更好。

2017年8月16日牛津大学正式录取通知邮件翩翩而至！
而录取的学院，正是女儿心仪的玛格丽特夫人学院！

回望来路，申请牛津大学，从2016年10月准备申请资
料，到拿到面试的通知；参加面试，获得有条件通过；准备
A-Level考试，最终成绩通过，到2017年8月拿到牛津大学
正式录取通知书，历时近一年。真的是一项绝对耗费心力、
体力与智力的宏大工程！

好在女儿幸运，自己申请到了英国最好的公学，遇到了
公学中太多可遇不可求的老师；好在女儿有一颗平常心，成

功提前拿到了英国四所名校的录取通知作保底；好在作为父母的我们，远在天边，没有给孩子任何压力；好在女儿备考充分，涉猎广泛，临场又有超自信超水平的发挥。一切完美的链接，成就了女儿的牛津之路！

2017 年 10 月，是英伦最美的季节！更是牛津一年一度的黄金入学季！古老的充满学术气息的牛津镇，在这个季节显得格外的年轻！女儿就读的学院，玛格丽特夫人学院，迎来了 2017 届的新生！

玛格丽特夫人学院中，这一届一共录取了三位音乐学学生，一位是香港女孩，管风琴专业，有着极优秀的个人素养和自律精神，是拿着音乐全奖入学的。另一位是英国本地男孩子，拉小提琴的，琴技出色，随性谦和。

而未曾想到的是，同级同学中竟然有一位在世界上赫赫有名的女孩，并且也进入这个学院。她就是马拉拉·优素福·扎伊，由于在巴基斯坦，争取女性接受教育的权利，勇于同巴基斯坦塔利班进行战斗，17 岁即获得诺贝尔全球和平奖，是世界历史上最年轻的诺贝尔奖获得者。和这样一位世界级的名人在一起居住生活，第一次体会到，牛津，离世界的距离，是如此之近！

上图：玛格丽特夫人学院鸟瞰图——有美丽的后花园与河流环绕

下图：玛格丽特夫人学院内花园

上图：玛格丽特夫人学院宿舍楼

下图：20 世纪玛格丽特夫人学院的老照片

女儿就读的学院现任院长是大名鼎鼎的英国《卫报》前主编艾伦·罗斯布里奇先生。

2009 年，《卫报》的一篇报道让全世界知道了《世界新闻报》的"窃听门"事件；2010 年《卫报》公布了维基解密网站关于阿富汗战争的 92000 份美军军事机密文件，成为全球头条；2014 年，又是《卫报》首次披露了"棱镜门"事件，爱德华·斯诺登的故事震惊了世界，也为这家以严肃、可信、自由著称的英国媒体带来了一项普利策奖的殊荣。而这些丑闻的揭露，却让一位正直、敏锐、有商业头脑与人文情怀的报业人士黯然离职。但是，牛津，以学术思想自由著称的牛津，给了这位颇具才华的媒体人一个更广阔的空间：玛格丽特夫人学院院长职位！

女儿第一天入学，就非常幸运地遇到了这位院长。这位长者非常耐心甚至半蹲在窗外，仔细地询问女儿是从哪个学校考进牛津的，学的什么专业，当他听说女儿是从中国来，而且是学习音乐专业时，他非常惊讶，也非常高兴，很兴奋地跟女儿讲，学院里刚刚买了一台新的施坦威钢琴，女儿可以随时去弹奏。谁曾想，如此大名鼎鼎的一位长者，会对一个新入学的学生如此用心！孩子入学后才知道，这位鼎鼎大名的院长，大学时的专业竟然也是音乐学！也是弹钢琴！真是有缘！

开学第一天，在女儿宿舍窗边偶遇玛格丽特夫人学院院长

上图：牛津大学博德利图书馆

下图：牛津大学谢尔登剧院

牛津入学一周后，10 月 14 日，正式的开学典礼开始了！这一天堪称牛津的节日！而这个盛大的节日，也是牛津大学这所英国最古老的大学，超过 800 年历史的校园中保留下来的最经典的传统。参加入学典礼的新生们，在初入校园之际，会被要求购买一套名叫"Subfusc"的服装，包括深色西装或外套、白色衬衣、黑色皮鞋、学生帽和黑色长袍。其中男生要佩戴白色蝶形领结，女生则是黑色领结。新生在开学当日穿着规定的服装，按照不同的学院列队进入被称为"牛津圣堂"的谢尔登剧院，聆听副校长的训导。

我和孩子爸爸也早早地到了牛津，作为妈妈，能够参加女儿如此盛大的开学典礼，实在是骄傲与欣慰！于是，精心准备了一身红色连衣裙，被孩子爸爸戏谑：到底是谁来读牛津。

这一天的阳光格外明媚，10 点已过，陆陆续续的，牛津新生排着队向典礼的剧院：谢尔登剧院会集，每个人的脸上，都洋溢着青春的笑容，或礼貌地，或兴奋地向我们打招呼。置身其中，真的感觉是一队队世界级精英从眼前走过。

终于，等了半个多小时，女儿学院的新生队伍来了。第一眼就看到宝贝女儿，金色的头发映衬着白衬衣、黑短袍，格外醒目！从很远处，在金灿灿的阳光中向我们挥手。看着孩子脸上的笑容，我的眼睛却湿润了，仿佛看到 18 年前那个

刚刚出生，举着拳头大哭的婴儿，一晃，已经成为 18 岁的
大姑娘！而现在竟然是在异域，在英国，在牛津的开学典礼
上，感觉有点像做梦。恍惚中，被女儿拉着到谢尔登剧院对
面的叹息桥下合影留念。

女儿与爸爸妈妈在叹息桥合影

同学们都是喜悦的，兴奋的，来参加典礼的家长也都是青春焕发，格外的年轻。有的国外家庭甚至全家族出动，其重视程度可见一斑，都想来见证孩子这光荣而骄傲的时刻！

一起入学牛津的中国学子合影

2017 年 10 月牛津大学新生开学典礼

合影完毕，女儿和同学们列队走向谢尔登剧院。根据牛津的传统，将由牛津大学的副校长来主持开学典礼。作为传统，副校长一般都会说一段拉丁文，确认所有新生成为牛津大学的正式一员，并要遵守学校的规章制度，之后再用英文对新生致欢迎辞。典礼上学生们被教导要向历代牛津学生一样探索真理，追求自由。这种庄重的仪式赋予新生强烈的荣誉感和认同感。

在金色的阳光中，在牛津庄严的开学典礼中，让我们一起与孩子铭记这所世界最著名大学的校训：Dominus illuminatio mea（拉丁文，意为"耶和华是我的亮光"，The Lord is my light）。"我认为大学精神的核心有两点，第一是在每件事情上对卓越的追求，第二是自由而公开的辩论"——英国牛津大学校长安德鲁·汉密尔顿说，牛津大学所体现出来的大学精神就是，首先对卓越有绝对的追求，无论是在教学还是科研上，都永远不会安于现状，持续地追求做得更好。

牛津大学女校长在开学典礼上致辞

秉承着这一追求卓越、自由之光的精神，衷心祝福女儿在 18 岁的锦绣年华，在牛津这座古老又年轻的大学中，徜徉于书本，更徜徉于承继千年的自由、平等、追求卓越的精神世界，幸福自由地生活，学习，思考。

牛津将是你人生一个新的起点，更广阔的世界已经向你打开，宝宝，加油！

完稿于 2018 年 9 月 25 日初秋的上海

后记

　　回望来路，细数时光潋滟中的小确幸，重温与女儿在一起的点滴，甜蜜在心中又增加一层，仿佛又青春了一把。女儿就是一个普通得不能再普通的女孩子，爱吃爱美爱睡到自然醒，一路走来顺顺利利，没有特别高的追求，更多的是爸妈的宠爱，是尽力而为，更是随遇而安。

　　感谢孩子姥姥，从孩子三岁跟着到上海开始，一直到孩子住校，整整八年，离开熟悉的家乡，陪伴并照料孩子和我们的饮食起居，姥姥的善良、乐观与好强的个性对孩子有着很大的影响；

　　感谢孩子爸爸，从一个建筑设计师的专业角度来拍摄照片，记录时光，记录成长，留下了大量孩子一点点长大的印记，让我们得以回望、记录与翻阅；

　　感谢孩子的老师，或年轻，或年长，但都把自己最好的知识与经验传授给了孩子，孩子的今天，是站在各位无私奉献的老师的肩膀上一路前行；

　　感谢上海这座城市，被誉为"魔都"，而且确实有比电视剧还精彩的魔幻，让我们新上海人得以在此奋斗，发展，更得以分享中国经济最辉煌时代的成果……

本书完稿之际，女儿已经作为中国国家大剧院的特邀音乐撰稿人，对在中国演出的瓦格纳歌剧《纽伦堡的名歌手》做了非常专业的点评，文章也发在国家大剧院的官方公众号中。同时也刚刚在英国牛津电台做了一档介绍中国传统文化的节目，历时一小时，由《春江花月夜》曲开头，介绍了屈原的《离骚》、李煜的《相见欢》；介绍了中国的端午节，赛龙舟，吃粽子的习俗；介绍了中国摇滚音乐发展史，崔健的《一无所有》、汪峰的《春天里》……

的确，在这个领域，目前中国人还是涉足的太少，真的需要一批跨越国界，精通中西方语言、音乐与文化的人，借助文字的力量，音符的力量，将西方经典的艺术作品带到中国，将中国古老而优秀的音乐与文化传播出去，让更多的西方人真正了解中国音乐，了解传统与现代文化优秀的一面。

完稿之时，正值上海最美的初秋，英伦此刻也应该是最美的季节了！回想第一次到伦敦，已时隔八年，摄政公园的枫叶又该红了吧。女儿又登上了去牛津的求学之路，大二了，需要学习的东西更多了，对于音乐与艺术的理解也将会更深入。

希望女儿能够坚持这条艰辛却快乐的路，以一种高度专注、宁静、永恒、清澈、无我的心理状态，一直走下去，热爱之所热爱，坚持之所坚持，内心丰盈，天真平和，无问西东！

附录：

女儿的文章

《愿君以享年华之美》（女儿14岁时写的散文）

《纽伦堡的名歌手》音乐赏析（国家大剧院邀稿）

《悲喜交织的人性图景——浅谈莫扎特第23号
　　A大调钢琴协奏曲》

愿君以享年华之美

　　有时它无法捉摸，难以预测，但到最后总会化
为令人满意的结局。

　　它意味着什么？对我来说，与你们的相遇意味
着一切。

　　青春这个东西，有时它的真实感令人觉得不可思议。大千
世界的新鲜对一颗颗躁动之心的强烈冲击，碰撞出一个个摇滚
与叛逆的鲜明轮廓；它虚幻的地方又令人恐惧。如同那迷离的
游魂一般，少男少女们始终难以抓住那缥缈的形状。在这个迷
惘又充满幻想的人生转折点，Green Day，一个伟大神圣的名
字，覆盖了这一切真切与虚无，使我得到了救赎。

♪ This innocence is brilliant

　　与他们的初遇，仿佛一场清新又柔软的夏雨。而羁绊的
开始，则是从那首经典到不能再经典的 *Wake me up when
September ends* 起。简洁有力的木吉他声在承载着老时光
的收音机里丝丝入耳，紧跟着，一个复古而怀旧的男声振然响
起。毫不做作，朴素至极的唱腔，那如初恋般全无掩饰的缕缕

167

青涩，不修边幅的转音隐透出青春的不羁，都让我联想到一个一头凌乱黑发，朋克打扮，不情愿似的抱着吉他吟唱低语自己往事的少年。一首不经意在欧美老电台里听到的歌，竟给我打开了一个全新的世界。一个只属于音乐的世界，一个属于 GD 的世界。

　　了解到他们早已到了不属于朋克的年龄，却讶异于那股永远不会熄灭似的热血。我被这如毒品般令人沉迷的声音与节奏引领着，先是听名曲，再是下了专辑，一曲一曲地细细聆听。即使不看歌词，它们也足以让我兴奋、惊喜、震撼。我最先爱上的，便是那张赫赫有名的 *American Idiot*。整张专辑一口气听下来，就像刚经历了一场灵魂的洗礼，歌曲磅礴的气势扑面而来，编曲、节奏、旋律、歌词的深意内涵，以及那别有用心的乐章分配都堪称完美。从未有这样一张专辑，在将朋克的本质挥洒自如的同时，又值得所有人深思，探究蕴涵其中的人世哲学。在摇滚式的发泄之余，又拥有一份难得的人性关怀，触及着人心最柔软的地方。这份"爱的精神"造就了一个独一无二的 Green Day，一个朋克史上最伟大的乐队，一个音乐的救世者。

　　一曲终止。这懵懂而纯真的初遇，令我终生难忘。

♪ I'm the son of Rage and Love

一遍又一遍地循环着那些烂熟于心的旋律。我听到无法自拔。我听到走火入魔。我听到癫癫狂狂。我听到神伤黯然。有时会嘲笑自己就是那个"容易感伤，又戏剧性的二货"，有时幻想自己就是 St.Jimmy、Whatsername、Drama queen。成长，就在这些幻想与感伤的缝隙中滋生蔓延，在乐章的挥洒下播种下籽，在烦恼与喜悦中结出爱与恨的果实。

理想与现实的矛盾总是不可避免的。在我心中的 BJ 那青涩叛逆的面孔还未消散时，昔日的三个小伙子已经各自成了家，立了业，甚至有了他们自己的 Little Idiot。刚发行的三部曲的确迅猛万分，极富个性的封面也堪比当年的风采。"整体很好""越来越流行了""复古的味道好浓"是我听后的第一印象。他们的激情犹在，甚至愈演愈烈；音乐的水平仍是那么的高，虽然不能与过去的辉煌相比。一些人在失望，一些人在叹息，甚至偶尔冒出一两句"朋克已死"的话。面对这些评论，我只会笑笑。因为，在我的这颗 Stray heart 里，GD 永远是那不变的唯一，是一颗永不熄灭的 Shining star。

今天的 BJ 拥有了恩爱如漆的妻子，有两个重操父业，让他引以为豪的儿子；Mike 组成了一个令人艳羡的温馨家庭，对他那天使般的小女儿情深似海；Tre 虽然与伴侣分居，却也是在大千江湖逍遥着，荣幸地当着乐队的笑点，很是自在。对于曲风的改变，他们似乎也安于现状，且乐在其中。大概是觉得应该顺其自然吧。但是我想，如果现在问他们，还是不是那个内心充满 Rage and Love，举着十字架向战争抗议的郊区的耶稣，在玩笑与调侃后的回答，一定是一个肯定答案吧。

♪ The light behind your eyes Especially for Billie Joe Armstrong

你有一双非常美丽的眼睛。

它有如哲学家一般的深邃悠远。绿的莹透的一双眸子深藏在黑色的眼圈里，仿佛能洞悉人们心灵深处的恐惧，是一处等待发掘，却又无人能及的宝藏。

它有如少年一般的青涩纯真。微微下垂的眼角，与眼睑形成一个特殊的弧度，仿佛一个不屑一顾的笑，有一小点不耐烦，有一小点躁动不安。

它有如救世主一般的光辉亮彩。随着口中大声地喊出神圣的反战口号，随着吉他钢弦的强烈颤动，你目光如炬，刚毅凛然，瞳中跳跃着黎明般的明丽。

我对你一无所知，直到我发现了你目光中闪烁的光彩。

我对你一无所知，直到我接受到这光彩承载着的灵魂的信息。

我对你一无所知，直到我透过这光彩看透你的心，你的人，你的全部。

The light behind your eyes.

尾声：

我的人生不过和大多数人一样，是一缕即逝的轻烟。但在这短暂的时光里，与你们的相遇、相知、相爱、相念是我一生的荣幸。我只愿能以我全部真诚的心感谢你们为我做的一切。谢谢你们给我生命带来了一段好时光。谢谢你们给予我青春一个最圆满的诠释。而这份喜悦，我愿与君共享。

I hope you had the time of your life.

I hope you'll have the time of your life.

Rage and Love

April Wu

2013.3.28

《纽伦堡的名歌手》音乐赏析

作为瓦格纳成熟作品中唯一一部喜剧，《纽伦堡的名歌手》结合了许多瓦格纳不常用的元素：合唱、咏叹调、复杂的对位、五重唱，以及较为传统的和声和结构；经常运用神话题材的瓦格纳选择将这部作品设在 16 世纪的德国文化名城纽伦堡 —— 纽伦堡作为德国名歌手（一群有严格等级制度的诗人兼音乐家，通过比赛的方式评选）的发源地之一，见证了德国文化最早的繁荣，而瓦格纳的设定展现出他对历史的致敬。

前奏曲（选自第一幕）

开门见山，磅礴的铜管轰鸣和强有力的弦乐勾勒出辉煌的 C 大调，奠基了整个前奏曲乃至整部歌剧明亮的基调；稳健的节奏和主调色彩强的旋律让人联想到一首军队进行曲，而装饰音的使用，如在终止式前的长颤音，展现出瓦格纳对古典主义风格的致敬；歌剧重要的动机都在前奏曲里呈现并会在之后的音乐中重复，而前奏曲中段的动机零碎化、半音化的处理亦体现出其幽默活泼的一面。与同时期的《特里斯坦与伊索尔德》缠绵而无止尽的音乐发展不同，《纽伦堡的名歌手》开篇便是清晰分明的旋律和和声 —— 这在瓦格纳的作品中是比较少见的。

在《什么是德意志精神》这篇文章中，瓦格纳指出德意志文化的核心在于它吸收、继承过去伟人的精华，并在此基础上作出革新；在音乐领域，瓦格纳尤其推崇巴赫和莫扎特，并把他们作为"德意志精神"的最高诠释；我们可以在这首前奏曲中一窥瓦格纳对过往时代的致敬：曲中运用的主题接近路德派众赞歌风格，反射出 16 世纪德国新教教会音乐的影响；瓦格纳广泛地运用对位的方式来发展主题 —— 作为一种严谨的作曲技巧，对位法指的是两条或两条以上独立的旋律巧妙地交织在一起，这种手法在巴洛克时期巴赫的音乐里达到顶峰，而瓦格纳对对位的运用展开了一场与过去的跨时代对话，铺垫了整个歌剧对人类艺术、文明的赞颂。

混乱的街道情景（选自第三幕）

这个唱段描述了街道上的邻居们被贝克梅瑟的小夜曲和萨克斯修鞋的声音吵醒之后的混乱场景。萨克斯的学徒大卫赶来，看到贝克梅瑟似乎在向艾娃的女仆玛格达莲娜求爱，心中燃起了嫉妒的火焰并攻击了贝克梅瑟；萨克斯的其他学徒见势前来帮助大卫。情势愈演愈烈，整个街道上的人聚在一起，陷入一片嘈杂与混乱。此时的音乐转换为一段繁复层叠的多声部合唱，最密集处有九个独立的人声声部；邻居们用街头用语互相诋毁，却因所有人都在同时演唱而听不清彼此，充分展现歌剧诙谐而略带荒诞的一面。这一聒噪情景由守夜人的报时而告终 —— 寂静的来临和嘈杂的开端一样突然，显示出这场闹剧的荒诞。

萨克斯的哲思独白（选自第三幕）

这或许是全剧中最富有哲学思辨色彩的唱段：男低音的浑厚音区搭配低音提琴和大提琴点缀和批判性的歌词，这是歌剧最为内省的时刻；当萨克斯提到了对德国和纽伦堡的热爱的时候，音乐转到了代表着希望的大调，旋律更为高亢，而此时更丰盈的交响乐伴奏又令人联想到歌剧振奋人心的前奏曲。布莱恩马基在他的著作《瓦格纳与哲学》中提到瓦格纳的成熟歌剧都围绕中心词展开：《特里斯坦与伊索尔德》的 "Sehnen"（"渴望"），《帕西法尔》的 "Erlösung"（"救赎"），和《纽伦堡的名歌手》的 "Wahn"。"Wahn" 是一个几乎无法被翻译的德语词；它描述的是一种世间纠葛的荒诞和自我蒙蔽式的疯狂。这段著名的独白亦反射出瓦格纳受叔本华哲学的影响。瓦格纳最早于 1854 年接触叔本华的著作，而后者对他艺术理念的影响是决定性的。叔本华认为艺术能给这个混乱的世界带来安慰，而音乐作为最抽象的艺术形式直接起源于意志本身，独立于表象而存在。这段独白中萨克斯对 Wahn 的描述和叔本华对这个概念的理解非常接近，即自我欺骗最终会导致自我毁灭。在这部歌剧中，萨克斯平静地放下对女主角艾娃的爱慕之情的举动又贴合叔本华哲学中对意志 —— 其重要表现形式为肉体之爱 —— 的否定。

五重唱 "太阳与我的喜悦共同欢笑"（选自第三幕）

这个著名的优美唱段充分展现出瓦格纳对于抒情风格的掌控。以艾娃的独唱开始，并随着瓦尔特、玛格达莲娜、萨克斯和大卫的加入渐渐发展到一部缠绵而不失透明感的五重唱，而主题的反复循环形成一种余音缭绕的效果；木管的运用彰显出田园风格，半音化的旋律走向和延留音也极具感情表现力。值得注意的一点是，正如同萨克斯在之前提到他不愿意重返覆辙马克国王的故事，艾娃在这里有一句音乐直接来源于《特里斯坦与伊索尔德》一个重要的逐渐上扬的半音化音乐动机，仿若伊索尔德的影子一般，两个故事由此形成巧妙的呼应。

瓦尔特的胜利之歌 "清晨闪耀着玫瑰色"（选自第三幕）

经过萨克斯的指点后，瓦尔特终于为名歌手们呈现出一首既尊重传统、又不乏创新的歌曲；这一唱段亦是整部歌剧对于

传统还是革新这一冲突的完满解决。在曲式结构上，它遵从 16
世纪名歌手最常用的 AAB 式，展现出瓦格纳复古的音乐情怀；
有趣的是，16 世纪的名歌手曲风还包括大量的乐句重复和装
饰音，而瓦尔特的曲子并没有运用这些元素，且他的旋律更加
丰富和半音化：舒缓而悠长的木管与弦乐伴奏支撑着优美高亢
的男高音（这个主题取自之前的五重唱，并在前奏曲里便有预
示），这首曲子在旋律和配器上又体现出意大利歌剧的影响，标
志着德意志民族文化上开放和融会贯通的精神。

尾声（选自第三幕）

在歌剧结尾的大合唱中，瓦格纳将艺术与民族精神紧密地
结合在了一起。"神圣罗马帝国可以烟消云散，而德国的艺术永
垂不朽！"代表了歌剧赞颂德意志文化的核心。由前奏曲开始
的动机做引子，随后紧跟着前奏曲中段轻松的主题，整个尾声
的音乐素材都来源于歌剧的开头，形成一种整体感和平衡感；
萨克斯教导人们"尊重过去大师的艺术"并认为出身和血统不
能代表人的价值，只有真正的艺术才华值得让人尊敬；最后，
瓦尔特赢得了艾娃和名歌手的头衔，而萨克斯作为传统与革新
的交接人也被献上了以示尊敬的桂冠。结尾处所有的名歌手、
主角们在舞台上的呈现方式让人联想到 19 世纪盛行的公众庆

典，而其最早的起源在于古希腊文明；在诸多论文中瓦格纳都提到了"艺术总体"的概念，即所有艺术形式，尤其是音乐、文学、舞台设计、表演、舞蹈的终极结合；他认为古希腊悲剧的伟大在于其对多元艺术形式的融合以及公众的参与，而现代艺术的衰落在于各个艺术形式分道扬镳，并脱离大众而存在的现象；《纽伦堡的名歌手》的主题，即社会与艺术的无缝融合以及消除阶级之间的隔阂（主要体现在中产力量的崛起和贵族阶层的衰落），正是瓦格纳对现代音乐乃至现代欧洲文明存在的问题的强有力的答案。

April 写于牛津玛格丽特夫人学院

2018 年 5 月

悲喜交织的人性图景 —— 浅谈莫扎特第 23 号 A 大调钢琴协奏曲

若有一部作品能同时代表莫扎特最极致的喜悦、最深刻的痛苦、最雅致的品位，我会首先提名他的第 23 号 A 大调钢琴协奏曲（K. 488）；完成于费加罗的婚礼首演前两个月，它情感的广度、钢琴与乐队的呼应、充满自省的慢乐章、木管乐器的大幅度运用，以及对歌剧渲染手法的器乐化都标志着他成熟的晚期风格。对于莫扎特来说，A 大调似乎是一个带有着"治愈"的功效的调性（如其单簧管五重奏、单簧管协奏曲，A 大调钢琴奏鸣曲），而这部作品是他第一部以不使用小号，并用音色更柔和的单簧管代替双簧管的钢琴协奏曲。那个时而被神化、时而被孩童化的天真美好的莫扎特在这里褪下一切装饰，回归最真实的自我，为世人呈现那看似矛盾的、令人沉迷的神秘感 —— 那只属于莫扎特的双面性。

第一乐章如一幅生意盎然的田园诗画般徐徐展开。它符合协奏曲奏鸣曲式（double exposition form）；开始的弦乐舒展地奏起一条优雅克制的旋律，以一个轻巧的终止式停靠在属和弦上。这个主旋律由圆号和单簧管应答，而弦乐—管乐迥异的色彩如同一场生动的对话，也预示着钢琴进入之后更复杂、

戏剧化的独奏—合奏反差。钢琴以一串轻巧的音阶的欣然入
场，为这一场景注入了新的活力。生命本初的火花和无尽的喜
悦在乐队和独奏者的一唱一和中起舞；作为最为虔诚的本初主
义者（period music practitioner）之一，马尔科姆·比尔森
（Malcolm Bilson）在此用古钢琴（fortepiano）清冽透亮的音
色，加上层次分明的乐队为这一主题带来古雅而质朴的韵味。
第一主题辉煌的尾声突然被两拍充满悬念的寂静打断（Ex.1），
而之后属调上的第二主题尽显莫扎特式的抒情雅致。简练的
众赞歌织体，重拍上的不谐和音让我们一窥泪水在眼眶中的打
转、那个只属于莫扎特的一瞬，并为重现部两个主题的团圆作
铺垫。在一段和声丰富、变化多端的华彩段落之后，乐章以一
个轻柔的渐弱收尾，巧妙地呼应开头的雅致闲适。

Ex.1 K. 488 第一乐章第二主题

　　第二乐章是这部协奏曲最为动人而凄婉的一幕独白戏——
第一乐章在舞台上尽兴的炫技表演者回到了他狭小的房间，在
昏暗的烛光中抚摸着锈迹斑斑的琴弦，遐思着与理想难以匹配
的、坎坷的现实。它写于升 F 大调，是莫扎特在这个调上写过
的唯一一个乐章；与海顿相比，莫扎特在调性选择上通常是那
个更保守的。而这个极其特殊的调性似乎便已奠基了它呼之欲

出的悲剧色彩。与所有最伟大的莫扎特旋律一样，第二乐章的主题动机十分简洁凝练。

Ex.2 K. 488 第二乐章动机

高声部的旋律由两个元素组成，即从属音开始的一个波音和 F 小调主和弦的勾勒；西西里船歌的附点和几近静止的和声节奏衬托出内省、沉思的音乐形象 —— 不由让人想到肖邦在他的第二叙事曲开头类似的手法。独奏钢琴的喃喃自语克制隐忍，附着西西里船歌的节奏缓慢摇曳；它的发展在和声布局上体现出迷离的残缺感 —— 第一个不完全终止后的对答起于更明亮的关系大调，但这一丝希冀的光芒立刻被重归的升 F 大调熄灭；弦乐随后奏响一曲哀歌，旋律本身的形状呈下行，而在模进中其音域却在不断上升，一声声叹息愈发悲痛，宛若《奥赛罗》的女主人公苔丝狄蒙娜死前吟唱的垂柳之歌。接近尾声，这一切的悲恸并未推上一个情感上自怨自艾的高潮 —— 以莫扎特的高不可攀的心气，它必将止于"却道天凉好个秋"的喃喃自语，而非在一味浸泡在哀伤中，沉沦、腐朽。

1769 年，康德（Immanuel Kant）在他的美学论著《论优美感和崇高感》中延伸了埃德蒙·伯克（Edmund Burke）对优美感（the Beautiful）和崇高感（the Sublime）的理解。这两种感知在人性中同时存在，是两个互利却又互通的概念——康德认为，当我们欣赏花开时，优美感会油然而生，而狂风骤雨或壮美山河则会引发出崇高感；前者是小格局的田园情趣，后者则为大格局的澎湃激昂。康德还提出了喜剧与悲剧、装饰性与优美感、简朴与崇高感的对应。在莫扎特这部无与伦比的钢琴协奏曲中，这两种能量的碰撞提前一步窥探逐渐萌芽的浪漫主义和它特有的对"超凡脱俗"的追求，而中间一曲极富戏剧性的悲歌可以说已超越了古典主义主流对平衡、节制的美学观念，摆脱了公式化而注重私人情感的流露，是从优美感到崇高感的一个转化。理查德·塔鲁斯金（Richard Taruskin）在他的大作《牛津西方音乐史》中有着类似的观点。他认为莫扎特完成了古典主义到浪漫主义的第一步蜕变；这种变化并非形式上的突破，而是美学理念的革新——若海顿的喜剧代表了优美感的极致，莫扎特的悲剧则代表着庄严的崇高感。这两位古典主义的巨匠如同人性的使者，分别代表着人对高层次艺术追求的两个标杆，而崇高感的主导地位也将在之后的浪漫主义中得到淋漓尽致的体现。

当我们还沉浸在悲剧的余韵不能自拔之时，钢琴——现在以一个蹦跳的孩童形象——重返舞台，一扫之前的漫天阴云；雨后天晴的解脱感在第三乐章一开头轻巧的律动中喜悦地绽放。这个乐章在结构上符合奏鸣曲 – 回旋曲式（sonata–rondo form），既有着回旋曲丰富的旋律和轻松、幽默的氛围，又具备奏鸣曲式正式而严谨的动机发展，为这一著作画下了一个力度十足的尾声。末乐章的很多元素取自之前两个乐章：同首乐章一样，它的主题经常游离到小调上（如第二主题从 C 大调到 E 小调，随后返回原调）；发展段的第二主题起于升 F 小调，很明显是源于对中间乐章的回忆 —— 悲喜的冲突在这一欢悦的乐章中仍有其一席之地。升 F 小调的旋律被单簧管打断，转到了明亮的 D 大调。英国音乐学家库斯波特·格德尔斯通（Cuthbert Girdlestone）从歌剧情节的角度解释了这一突然的明朗：18 世纪的器乐音乐在很大程度上都反射出歌剧的写作思维，而这里的突然转变可以理解为歌剧中音乐随着情节发展转化成不同的情绪和风格。在这一段落，我们甚至可以遐想一个为情所伤的歌剧女主角此时得到了朋友温暖的慰藉并停止了自怨自艾。作品以钢琴声部目眩神摇的 A 大调分解琶音、乐队声部流光溢彩的宏大声场收尾，如同庆祝启蒙主义（the Enlightenment）这一宏大的文化庆典般面上了最终的完满。莫扎特的 18 世纪末还并未走到贝多芬那个自我神话（self-monumentalising）的时代；这部钢琴协奏曲的情感轴心坐落于中乐章和末乐章，但它没有贝多芬"从黑暗一路奋斗走向光明"的轨迹 —— 两种情绪的转换仿佛幕帘落下后又重新升起，两种世界的碰撞将莫扎特独特的双面性体现到极致 —— 布伦德尔（Alfred Brendel）

曾断言莫扎特是在小调和大调上风格最为迥异的作曲家。和贝多芬式的"与命运抗争"不同，莫扎特更像是一个藏在幕后的旁观者；他平静地计划着一切、却从不自我参与；他把作曲家的自我这一概念缩减到最小，而将音乐以最丰盈的形式展现给世界。1786 年的莫扎特已然看尽人间悲喜，如布伦德尔所说，莫扎特的音乐，无论器乐或声乐，都有着永恒的戏剧性 —— 温暖、脆弱、伟大的人性永远是他舞台上的主角。他既非舒曼眼中充满着"漂浮着的希腊式的优雅"（floating Greek gracefulness），也非瓦格纳眼中"光与爱的天才"（genius of light and love）；他既非大理石、石膏或是白瓷塑造的精致雕塑，也并非带着脂粉气的贵族；他并不简单可爱、并不多愁善感、也并非永远诗意 —— 莫扎特的音乐，是力量与透明，质朴与讽刺，紧张与轻盈，孤傲与亲密，自由与束缚，激情与优雅，活灵活现与繁文缛节间那一丝几乎难以察觉的平衡。

April 写于 2018 年 9 月 3 日

文章中提到的书：

1. Brendel, Alfred (2015). Music, Sense and Nonsense. London: Biteback Publishing. 布伦德尔的讲座、论文集，其中对莫扎特音乐性格的观察尤为微妙深刻。

2. Girdlestone, Cuthbert Morton (1964). Mozart and His Piano Concertos, 2nd ed. New York City: Dover. 全面、系统地了解莫扎特的钢琴协奏曲的经典书目。

3. Kant, Immanuel (1764, trans.1960). Observations on the Feeling of the Beautiful and Sublime. University of California Press. 康德以优美感与崇高感为主题的美学论著。

4. Taruskin, Richard (2005)., Ch. 12, The First Romantics, from The Oxford History of Western Music, Vol. 2. Oxford University Press. 对优美性与崇高性以及海顿与莫扎特的区别的精彩论述。